アクティベート
保　育　学

汐見稔幸・大豆生田啓友［監修］

11 保育内容「表現」

岡本拡子・花原幹夫・汐見稔幸［編著］

ミネルヴァ書房

シリーズ刊行にあたって

　幼稚園教育要領、保育所保育指針、幼保連携型認定こども園教育・保育要領が改訂（定）されました。この3文書の改訂（定）は、わが国の乳幼児教育・保育の世界にとって、とても大きな意味をもっています。たとえば、幼稚園・保育所・認定こども園には共通の教育機能があることが明示されたこと、「子ども主体の遊びが学び」だという乳幼児教育・保育の考え方を踏まえたうえで、小学校以降の教育への接続を図ることがより明確化されたこと等々があげられます。

　それは、乳幼児期の保育の質の重要性を明らかにした研究や世界的な動向、子ども・子育て支援新制度の流れを受けた、すべての園が質の高い教育・保育を保障することをより具現化する改訂（定）でもあります。つまり、これからの時代は、すべての園が、子ども主体の遊びを通した学びを保障することがより求められるのです。

　そして、この改訂（定）を受けて、幼稚園教諭の教職課程にはコアカリキュラムが導入され、保育士養成課程も改訂されました。本シリーズはこのような動向を踏まえ、新しい時代の学力観に基づいた保育者養成を見据えた内容と構成となるように考えました。

　そこで、本シリーズにおいては、学生が身近なWORKを通して、主体的・対話的に学べるように、そして深い学びへとつながるような工夫を行っています。学生自身が、子どもや保育の学びに主体的に、ワクワクしながら、時には教室を離れて、仲間と協同的に学ぶことができることを目指しました。

　子どもの保育に関わる世界はとても魅力的なものです。保育って、最高におもしろいのです。どうか、このテキストが、学生のみなさんにワクワクしながら使ってもらえることを期待しています。

2019年2月

監修者　汐見稔幸・大豆生田啓友

は じ め に

　保育所保育指針，幼保連携型認定こども園教育・保育要領，幼稚園教育要領の改定（訂）にあわせて，2019年度より保育者養成におけるカリキュラムも改訂されました。そこで本書は，保育者養成における新カリキュラムとして押さえるべき「教職課程コアカリキュラム（モデルカリキュラム）」と「保育士養成課程教授内容」をふまえ目次を構成しました。第Ⅰ部では，「領域に関する専門的事項（幼児と表現）」，また第Ⅱ部では「保育内容『表現』の指導法」の授業に対応できるようにしています。

　さて，5つの領域の一つである領域「表現」では「豊かな感性や表現する力を養う」ことがそのねらいとしてあげられています。「豊かな感性」って何だろう，「表現する力」って何だろうと思うかもしれません。当たり前のように使っている言葉でも，説明しようとすると難しいということがよくありますが，「感性」や「表現」という概念も実は説明しづらい言葉であろうと思います。背が高くなったとか，知識が増えたとか，目で見てわかったり，テストをして測ったりすることができるものとは異なり，客観的に評価することの難しい「人の心の育ち」に関わる感性や表現する力を，保育者はどのように育んでいくのでしょうか。

　本書では，子どもの感性や表現する力が育まれる過程を具体的な保育実践の事例を見ることや，みなさん自身がさまざまなワークを実際に体験することを通して学んでいきます。各章の執筆者は，子どもたちの生き生きとした姿を語ることのできる実践者，そして日頃から保育現場と深く関わっている研究者たちばかりです。各執筆者がそれぞれの実践にワクワクしながら関わったり観察したりしている様子が，その文章表現から伝わってきます。各執筆者が感じたそのワクワクする気持ちやみなさんに伝えようとしている世界観を壊すことなく，ありのままに伝えたいと考え，各執筆者の文章表現をできる限りそのまま

生かすようにしました。その結果，章の構成や表現の仕方など，本書全体としては統一されていないところもあります。何しろ執筆者それぞれが一人の表現者として，「感じたことや考えたことを自分なりに表現する」ことを大切にしている人たちなのですから，そもそも統一しようと考えること自体が間違いであり，その感性を尊重しなければならないと考えました。

　しかし，本書一冊を通して読み終えると，「豊かな感性や表現する力を養う」とはこういうことなのかということや，各章に通底する「感性とは何か」「表現とは何か」ということがきっと理解できると思います。それだけでなく，本書で学ぶみなさん自身の感性や表現する力も育っているはずです。子どもは生活や遊びのなかでどのように学ぶのか，何を学ぶのかを，そして表現することの楽しさを，みなさん自身が学びの主体として体験することを通して理解を深めてほしいと思います。

　2020年2月

編著者を代表して　岡本拡子

目　次

はじめに

第 **3** 章　身体的な感性を育む表現　　　　　　　　　43

第 6 章　保育における「表現」の歴史的変遷　　97

第Ⅱ部　領域「表現」の指導法

第 7 章　領域「表現」のねらい及び内容　　117

第11章　音を介した表現と指導法　183

第12章　乳児保育における「表現」　199

第13章　豊かな感性と表現を育む環境づくり　217

　シリーズ「アクティベート保育学」では，読者のみなさんが主体的・対話的で深い学びを成就できるよう，以下のような特徴を設けています。

●学びのポイント

　各章の扉に，押さえてほしい要点を簡潔に示しています。これから学ぶ内容の「ポイント」を押さえたうえで読み進めることで，理解を深められます。

●WORK

　各章の冒頭に「WORK」を設けています。主体的・対話的に WORK に取り組むことで，より関心をもって学びに入っていけるように工夫されています。

●導　入

　本論に入る前に，各章の内容へと誘う「導入」を設けています。ここで当該章の概要や内容理解を深めるための視点が示されています。

●まとめ

　章末には，学んだ内容を振り返る「まとめ」を設けています。

●さらに学びたい人のために

　当該章の内容をさらに深めることができる書籍等をいくつか取り上げ，それぞれに対して概要やおすすめポイントなどを紹介しています。

●カリキュラム対応表

　「目次構成」と「教職課程コアカリキュラム」・「保育士養成課程教授内容」との対応表を弊社ウェブサイトに掲載しています。詳細は，以下のURL から各巻のページに入りご覧ください。

　〈http://www.minervashobo.co.jp/search/s13002.html〉

第Ⅰ部　領域「表現」の専門的事項

第1章

子どもの感性と表現

● ● ● 学びのポイント ● ● ●

- 「表現」という領域がつくられた経緯と，その主旨を理解する。
- 「表現」と対になっている人間性としての「感性」の意味を理解する。
- 「感性」と「表現」の力を伸ばす保育上の原理を理解する。

WORK　自分自身の表現の仕方を知ろう

① 自分の性格と思っていること——たとえば人の前で話すときにあがってしまうとか，人を笑わせるのが意外とうまいとか，イラストがまあまあ得意など——をあなた自身の表現の仕方（表現の力）の個性と考えて，自分はどういう表現が得意か，あるいは苦手だと思っているか整理してみてください。

② そうしたあなたの表現の仕方の個性は，これまでのあなたの人生のどこで，どういうふうにして身についたのか，あるいは身につかなかったと思われるのか，家庭や学校での教育の在り方と照らし合わせて考えてみてください。

③ ①と②を終えたら，グループでそのことについて意見交換をしてみてください。

④ 以上をふまえて，乳幼児期の保育において，子どもたちの表現する力を伸ばすには何が大事だと思うか，考えをまとめてみましょう。

● 導　入 ● ● ● ● ● ● ●

　子どもたちの何気ない仕草，言葉，表情などは，すべてその子の個性的な表現だと思った途端，子どもたちにいい加減な対応をすることは失礼なことと感じられるようになります。領域の一つとして「表現」が設定されていることには，そうした保育における子ども観，保育観の捉え直しということが目論まれています。その際，「表現」というのは，さまざまな子どもの行為，仕草などを子どもたちの個性的な表現と受け止める保育者がいることにより「表現」になります。そうした保育者の姿勢が子どもの表現力を伸ばす大事な要件になるのです。

　保育における「表現」は，そうした日常の子どもたちの行為の見直しから始まり，文化的で豊かな表現力の育成・獲得への援助まで裾広く広がっていきます。

● ● ● ● ● ● ● ● ● ●

1 乳幼児の生活や遊びにおける領域「表現」の位置づけ

▎1 領域とは

　まずはじめに「領域」について簡単に触れておきます。詳細は他の科目でも学ぶので，ここでは概略だけを述べます。

　「領域」とは，乳幼児期に育てるべき保育内容・方法を整理するために，乳幼児の発達を捉える視点として「保育所保育指針」「幼稚園教育要領」「幼保連携型認定こども園教育・保育要領」に定められているものです。領域は，現在は「健康」「人間関係」「環境」「言葉」「表現」の5つに分類されており，これを「5領域」と呼んでいます。領域は，小学校以上の「教科」とは異なります。たとえば小学校では，決められた時間に「国語」や「算数」といったように教科ごとに授業が行われることが基本ですが，幼稚園や保育所では領域別に指導するということはありません。領域とは，あくまでも子どもの発達や育ちを見る窓口であり，その内容は乳幼児が環境に関わって展開する具体的な活動を通して総合的に指導されるものとされています。また，乳児（0歳児）については，「5領域」ではなく，身体的発達に関する視点「健やかに伸び伸びと育つ」，

社会的発達に関する視点「身近な人と気持ちが通じ合う」，精神的発達に関する視点「身近なものと関わり感性が育つ」という「3つの視点」が示されています。

　この「5領域」や「3つの視点」のそれぞれがどうして保育・幼児教育の目標・内容の分類枠にされたのか，ということはとても興味深いことですが，ここでは触れません。機会があれば各自で調べてみてください。

2　乳児保育の3つの視点と5領域の関係

　乳児保育の内容として示された「3つの視点」は，人間の赤ちゃんが人間社会で育っていくときに，まず身につけなければならないものは何か，という視点で選ばれています。その子が将来どこで生き，どんな仕事に就いたとしても，人生の最初の時期にこれだけはしっかり身につけておけば生きていけるというものは何か，ということです。

　①「健やかに伸び伸びと育つ」という視点

　人間のさまざまな活動は身体によって支えられています。筋肉活動，内臓活動，脳・神経の活動，健康維持のための活動など，すべて身体の活動です。したがって，子どもを育てるとき，その身体をていねいに育てていく，あるいは身体の育ちをしっかりと支える，ということがまず必要になります。メンタルヘルスも多くは脳の健康な活動によって支えられていますから，心の健康な育ちの基礎も身体の育ちに規定されます。栄養のバランスよい摂取，足腰の筋肉系統の発達とバランス力，感覚器官の育ち，ハイハイ，歩行，手先の器用さ，病気にもじょうずに耐える力の実現など，身体の育ての内容は実に多様です。身体をしっかり育てる，それがまず第一番目です。

　②「身近な人と気持ちが通じ合う」という視点

　二番目に，人間は「人の間」と書くように，人と人の間柄，関係性の良好さが生きていくうえでもっとも大事な要件になっている動物です。したがって子どもを育てるとき，人との関係をじょうずに築く力を育てることが大事な課題になります。しかし，これはたやすくできることではありません。それは，人

間が，他の生き物と共存関係をつくってきただけでなく，あらゆる生き物を食し，また仲間同士で殺し合って生存を図ってきた特殊な動物だということに関係しています。そのため，他者が自分の味方か敵かということにとても敏感です。つまり，他者が自分にとって安心できる存在であるということが生きていくうえで重要なことであり，特に子どもはそのような存在をとても強く求めるのです。これを保障しないと，人間関係を安心してじょうずに築くことが難しくなってしまいます。これが，特に幼い子どもには「気持ちを受容し，共感しながら」「継続的な信頼関係を築いていく」ことが大事だという「養護」的関わりの必要性の大事な根拠となっています。

　このこととも関係しますが，他者と関係を築くといっても，他者はモノと違い，感情をもった生き物ですので，その気持ち，反応などを勘案して柔軟にしかも適切に対応しなければなりません。これは相当に難しいことで，そのためには多くの練習とスキルの成長が必要になります。

　これらの理由で，赤ちゃんには，生まれたときから安心感をもって対人関係を築けるようになるための配慮をていねいに行うことが必要なのです。

③「身近なものと関わり感性が育つ」という視点

　赤ちゃんの時期に身につけなければならないものの三番目は，人間は周りの世界，そして自分自身をできるだけ深く知り，その社会にじょうずに適応し共存していかなければならないという要請からきます。そのために，自分を含めた世界を適切に認識する力を育てていかなければならないのです。これは「世界を自分のものにする力」といってよいものですが，一生続く学びを通して身につけるもので，その学びは生まれた瞬間から始まります。これには，知識といわれているものも大事ですが，それだけでなく，思考力や創造力，想像力，その基礎としての基礎的な認識スキル（大きい―小さい，明るい―暗い等が区別できる，色の違いがわかる等々）等を順次ていねいに身につけることが必要です。また，この世界を自分のものにする力の基礎に好奇心や興味・関心というとても大事な非認知的スキルがあるのですが，赤ちゃんのときから基礎的な認識スキルと好奇心，興味・関心という世界を取り込もうとする能動的な心の働きを伸ばすことが大事で，これが乳児期の育ての3つめの課題になるのです。

「保育所保育指針」は、この3つの課題を「3つの視点」として示しています。

④3つの視点と5領域

ところで、この3つの視点で示された力・態度がそのまま育っていくと、5領域それぞれの力に重なっていきます。まず、身体的発達に関する視点は領域「健康」に、そして社会的発達に関する視点は領域「人間関係」と「言葉」に、さらに精神的発達に関する視点は領域「環境」と「表現」に内容的に重なっていくことになります。その意味で乳児期の3つの視点は5領域の基礎になっているのです。この関係はよく理解しておきたいことです。

しかし、5領域のうちの「言葉」と「表現」は、乳児保育における3つの視点のどれか一つの内容にのみ対応しているというわけではありません。「言葉」は3つの視点の力のいわば合力として育っていきます。①発声力等は身体能力の育ち、②聞き話す態度は関係が濃密にできないと生まれませんので人間関係能力の一定の育ち、③そして言葉で示す内容についての理解力とシンボルを使う力が育たないと言葉は使えませんので環境理解能力の育ち、この3つが「言葉」が生まれ育つ基礎になります。

そして「表現」は、言葉の一部もその大事な一つなのですが、子どもの内面（感情や思いなど、外から見えない、形のない世界）を外部に見える化（形象化）していくための活動で、それだけにスキルが必要で、また個性が現れる領域です。そのため、現在の指針・要領では特別に意味づけられています。言ってみれば、表現をその人の個性と結びつける人間観を前提として、これから個性的に生きる人間にとってとても大事なものとして意味づけられているものです。

3　「表現」は「絵画製作」と「音楽リズム」を併せたもの、ではない

現在の5領域は、1989年に「幼稚園教育要領」が改訂されたときに設定されたもので、*1 それまでは「健康，社会，自然，言語，絵画製作，音楽リズム」と

＊1　「幼稚園教育要領」の改訂に準じる形で1990年に「保育所保育指針」も改訂され、6領域から5領域に変更された。

いう6領域からなっていました。それを「健康，人間関係，環境，言葉，表現」の5領域に変更したのです。そのとき，それまでの「絵画製作」「音楽リズム」という領域がなくなり，新しく登場したのがこの「表現」でした。そのため，領域「表現」は，なくなった2つの領域がいずれも表現活動であることから，これらを併せたものであるというように説明されることがありました。それも間違いではないと思いますが，5領域の設定は，6領域のときの領域設定と理念が異なっているということを考えると，正確ではありません。

　このときの改訂では「遊びを通しての総合的な指導」や，「環境を通して行う教育」などの原理が打ち出され，「遊び」の大事さが強く強調されたのですが，その結果，そうした遊びを通した総合的な活動と指導（援助）を通して，子どもに何を具体的に育てるのか，ということを新たに明確にする必要があるということになりました。そして，さまざまな議論を経て設定されたのが，5領域なのです。6領域が最初に設定された1956年以降，これは小学校の教科のミニ版ではないということが何度も強調されてきましたが，領域名からして小学校の教科にスムーズにつなげることを意識してつくられていたことは明確です。それに対して，5領域の場合は，たとえば「社会」という（旧）領域がなくなって，関連した領域として「人間関係」が生まれたとか，「自然」という領域がなくなり，代わって「環境」という領域が登場したというように，6領域のときと設定の原理がかなり異なります。

　5領域は，子どもが人間として成長していくのに，幼い頃にどういう人間性，能力を身につけておくことが大事かということにダイレクトに戻り，そこからいわば人間学的に5つの力を設定したものと言えます。

　その一つとして選ばれたのが「表現」という領域で，この領域を設定した背景には，子どもの立ち居振る舞いを全部「表現」として見てみよう，そうすることで子どもの見え方や保育の仕方が変わってくる，あるいは人間が人間として豊かになるには，一人一人の内的な想いや感情を，個性的で，洗練された形で外在化することが，これからの社会ではとても大事になる，という思いが反映されています。

　「表現」という領域には，それまでの「絵画製作」「音楽リズム」という領域

の内容ももちろん入りますが，それ以外にも，たとえば戦前の「生活綴方*²」の教師が「子どもの一挙手一投足が表現だ」と言ったように，あるいは現代ではイタリアのレッジョ・エミリアで「子どもたちには百の言葉がある*³」と言っているように，子どもたちの自由な言語表現，種々の身体表現，あるいはちょっとした仕草や遊び方や探求の仕方の個性等もできるだけ表現と見てとろうという発想に立っています。そこに子どもたちの個性と，世界に対する関わり方のその子なりの育ちを見てとろう，そうした視点から子どもを見る目を養おうというねらいがあるということです。

　たとえば子どもたちが秋に落葉を拾ってきたとします。それを使って部屋のなかで何かを自由につくろうと呼びかけると，実にさまざまな作品ができます。ある子は丸くなるように何枚も並べて紙に貼るでしょうし，ある子はドングリとか松ぼっくりなどと組み合わせてコラージュをつくるでしょうし，またある子は大きな葉っぱに色を塗って魚の絵にするでしょう。すべてがその子の独自の表現になります。そういう見方を徹底していくと，子どもは常に個性的に表現して生きている存在だ，と見ることに慣れていきます。それを洗練していくと，その子が将来，世界と関わって生きていくときの，その子らしい関わり方が次第に見えてくるということになっていきます。「子どもを人間として見る」ということが，こうした姿勢によって実際のものになっていくのです。

4　領域「表現」が目指そうとしていること

　さて，「保育所保育指針」等における領域「表現」では，実際に何を目指そうとしているのでしょうか。

　保育内容の5番目に領域「表現」が設定されており，そこの冒頭には次のよ

＊2　**生活綴方**：子どもたちに実生活のなかで感じたことなどを，ひとまとまりの文や詩で書かせ，また書かれた作品を教材にしながら子どもたちのものの見方や感じ方，考え方に迫ろうとする教育方法。
＊3　レッジョ・エミリアの教育理念や実践等については以下の文献を参照。カルラ・リナルディ，里見実（訳）『レッジョ・エミリアと対話しながら――知の紡ぎ手たちの町と学校』ミネルヴァ書房，2019年。レッジョチルドレン，田辺敬子ほか（訳）『子どもたちの100の言葉――イタリア／レッジョ・エミリア市の幼児教育実践記録』学習研究社，2001年。

うに書かれています。

> 感じたことや考えたことを自分なりに表現することを通して，豊かな感性や表現する力を養い，創造性を豊かにする。

これがもっとも基本となる文章ですが，この文章を分解すると，

①感じたことや考えたことを

②自分なりに

③表現する

それを通して

④豊かな感性や

⑤表現する力を養い

⑥創造性を豊かにする

となっています。①②③は「表現」という活動の手法を意味していて，④⑤⑥はそのことを通して育てたい力や人間性について記述しています。つまり，④⑤⑥は目標と言えるものです。また，④は感性，⑤は表現力という個別の力を育てることが目標ということですが，それらが⑥の創造性を豊かにするというときのその創造性の内実をなしているという構造になっています。

　そのあとに「ねらい」と「内容」があげられていて，実際にこういうことを保育でしてほしいという例が載っています。それは実践上の参考にしてほしいことなのですが，これだけをしていればよいということではありません。「これだけは最低限してほしい」というような内容です。

　実は「保育所保育指針」等にもとづく実践で大事になるのは，そのあとに書かれている「内容の取扱い」という項目です。たとえば，「保育所保育指針」の３歳以上児の領域「表現」では，以下のように示されています^{*4}。

＊4　「幼稚園教育要領」と「幼保連携型認定こども園教育・保育要領」でもほぼ同じ内容が示されている。なお，「保育所保育指針」と「幼保連携型認定こども園教育・保育要領」では，乳児（０歳児）と１歳以上３歳未満児の保育内容についてもそれぞれ「内容の取扱い」が示されている。

(ウ)内容の取扱い

　上記の取扱いに当たっては，次の事項に留意する必要がある。
① 豊かな感性は，身近な環境と十分に関わる中で美しいもの，優れたもの，心を動かす出来事などに出会い，そこから得た感動を他の子どもや保育士等と共有し，様々に表現することなどを通して養われるようにすること。その際，風の音や雨の音，身近にある草や花の形や色など自然の中にある音，形，色などに気付くようにすること。
② 子どもの自己表現は素朴な形で行われることが多いので，保育士等はそのような表現を受容し，子ども自身の表現しようとする意欲を受け止めて，子どもが生活の中で子どもらしい様々な表現を楽しむことができるようにすること。
③ 生活経験や発達に応じ，自ら様々な表現を楽しみ，表現する意欲を十分に発揮させることができるように，遊具や用具などを整えたり，様々な素材や表現の仕方に親しんだり，他の子どもの表現に触れられるよう配慮したりし，表現する過程を大切にして自己表現を楽しめるように工夫すること。

　ここに示されている②は，先に「子どもの一挙手一投足が表現だ」と戦前の生活綴方教育を行っていた教師が言っていたということを紹介しましたが，その内容にほぼ相当するものです。子どもの何気ない表現に保育士等は敏感になり，それを表現と受け止め，対応してほしいというのです。

　たとえば，園庭に植えてある花の前で何やらじっとしている2歳児がいるとします。なぜじっと見ているのか想像しながら，その子に興味をもって観察することが保育では必要なのですが，そのとき「この子は花の色が好きなのでその印象を心のカメラで撮影しようとしているのかな？」「いや，この子は花から微妙に香ってくる匂いに興味をもってじっと匂いをかいでいるのかな」，あるいは「花びらが風に揺られてダンスする様子がおもしろいと思ってじっと見ているのかな」等と考えながら観察します。いずれにしても，花を前にしたときのその子の行動は，その子なりの花を前にしたときの表現なのだ，そこにその子らしさがあるのだからそれをできるだけ大事にし，その表現をその子らしさとして受け止めよう，そう受けた止めたことをその子に，またその子の保護者に伝えてあげよう，などと対応することの大事さが書かれているのです。

2 「表現」と「感性」

■1■ 「表現」と「表出」の異同

　表現をめぐっての議論では，「表現」と「表出」を区別することもあります。何かの刺激が子どもの外から，あるいは内から入ってきたとき，間髪を入れずに反応する場合は「表現」と言わずに「表出」と言おう，ということです。意図のあるなしで「表出」と「表現」を区別するわけですが，ほんの幼い子どもの場合，そうした区別はあまり意味をもたないということはすぐわかります。ほとんどが「表出」になるからです。

　そこで保育の世界では，そうした区別をあまり厳密にしないで，初めは「表出」として始まったその子の情動や感性を外化する行為を，保育者がすべてまず「表現」と受け止めて，丁寧に対応し，次第にその子が意図的にその子らしく表現できるようになることを励ましていく，そのきっかけとして表出を大事にしていく，そうした展望をもってその全体を「表現」と言おう，と考えるほうが合理的ということになります。子どもが表現することが好きで，かつ個性的な表現ができるような人間に育ってもらうために，さまざまな表出の行為をその子らしい表現の行為と受け止め続け意味を与えていく，表出を自覚的な表現行為へと発展させるという立場に立つということです。「保育所保育指針」等はそうした立場で「表現」という行為を位置づけています。表現は，それを表現と受け止めてくれる存在があってはじめて表現になるということです。保育者の大事な役割が示唆されています。

　こうした表現観は，別の見方をすると，子どもたちの想像力を豊かにすることによって創造力を意識的に育てていこうとすることにつながっています。子どもたちの自由な探索行為は，子どもたち一人一人の世界の生の鼓動，うごめきに対する独特の感受性による受け止めであり，それにもとづく接近や解明の行為ですが，それによって創造性を形にする喜びを体験しようとしている行為と言えます。それぞれの感受性，関心，解明欲求を自由に表現することで，こ

れから多様に身につける合理的思考と創造力，想像力，芸術的思考力を統合していく練習をしているのです。

　表現は，今見たように，それを受け止めて意味を探求してくれる存在がいてはじめて表現としての意味をもつ行為ですので，保育者はいつも，子どものそうした独自の接近，解明，創造の行為の意味を探らねばなりません。子どもたちの，個性的でそれぞれの子にとっては合理的で自由な表現の行為は，世界に対するその子の独自の関わり方を質的に深めていこうとする行為と言えます。その方法を保育者が子どもたちの表現手法から感じとることで，子どもたち独自の，たとえば時間の観念を除外した発想，対立するものが奇妙に統一される発想，因果が逆になっているような発想，曲がった直線，丸くないまん丸の提案などなどの，世界に対する新たな接近の仕方から学ぶことが大事なのです。その内容については，本書の各章の事例を参照してください。

2 「感性」とは何か

　さて領域「表現」は「豊かな感性と表現力を養う」ことが課題になっている領域だと何度も述べましたが，ここでキーワードとなっているのは「感性」です。

　保育の世界では，「感性を育てる」ということを当たり前のように言いますが，あらためて，「感性とは何か？」「感性は育てられるのか？」「育てるとしたらどのような方法で可能か？」などと問えば，みなさんはどう答えるでしょうか。

　感性とは「感じる力のことだ」というような同義反復的な定義でなく，別の言葉で説明するとどういう説明になるでしょうか。このことは「表現」と「保育」ということを考えるときにもっとも大事なことなのですが，問題とされることは少ないようです。そこでここでは，このことを少しつっこんで考えてみることにしましょう。

　①人間の情報処理の仕方

　このことを深めるには，少し遠回りになりますが，人間はどのようにして情

報処理をして，その情報にもとづいた行動をしているのか，ということを知る必要があります。

　情報処理というのは，人間のもっとも大事な行動特性です。人間は，あらゆるものから発せられている情報というものを受け止め，その情報を脳のなかでつなげたり，切り離したりしながら意味に変え，その意味にもとづいて行動するので，情報処理は人間にとってもっとも大事な活動になります。情報には，「前に川がある」「後ろには山がある」といったような客観情報もありますが，ゴソッと音がした，危険だ，暗くなってきた，前が見えないので心配だ，というような感情を喚起して行動を生みだす客観―主観情報もあります。

　人間がコンピュータと異なるのは，この情報処理の仕組みが基本的に異なることです。

　人間は，情報が入ってきた最初の段階で重要な情報処理をします。

　たとえば，あなたが知らない駅に初めて降りたとしましょう。駅から外を眺めてまず「うわぁ，田舎だなぁ」とか，「でっかいビルが目の前にあるんだな！」などと感じるでしょう。ホームから外に出ようとしたら長い階段があって，「エーッ，エスカレーターないんだ！　大変！」とか，改札の駅員が女性だったので，「へぇー，最近は駅員さんにも女性が増えているんだ！」などと感じるかもしれません。

　これが人間の情報処理の仕方なのです。まず客観的なものやことがあって，それらの情報が，目から，耳から，鼻から，皮膚から入ってくるのですが，それに対して脳のなかで，「田舎だ」とか，「長いなぁ」とか，「きたないなぁ」とか，「きれいだなぁ」などの価値づけをするのです。これは瞬間の出来事です。経験が多くなれば，ものやことについての知識（まとまった情報）が増えていくので，それと比べて良いとか悪いとかの価値判断（価値づけ）が細かくなっていきます。その意味で感応の仕方は複雑になっていきますが，感応（＝価値づけプロセス）のない反応はありません。このプロセスがあり，その後に「どうしてだろう」「たぶん○○だからかな」などの思考が始まります。思考はその前に入った情報への価値づけから生まれます。

　情報が届いたときの反応について，もう少し正確に見てみます。目や耳その

15

他の情報取り入れ器官から情報が入ってくると，それが脳のそれぞれの情報を処理する部位に瞬間的に送られます。耳から入る情報，目から入る情報，身体から入る情報（温度とか風の感じとか）はその限りまったく分散的な情報ですが，脳のなかで「色は赤」「大きさは○○」「形は△△」などの情報が組み合わされ，経験知と照らし合わせて，「これはイチゴだ」と瞬間に判断されます。感覚器官から届くそのままの情報は感覚情報といい，バラバラです。それを脳で組み合わせて，「赤色」「イチゴ」「リンゴ」「樹木」「背が高い」などの，世の中に存在している有意味なものやことだと認識することを「知覚」と言います。知覚には，経験的な判断が入り込んでいます。

　実は知覚は，実際に世の中にあるものやことそのものの情報ではありません。頭のなかで人間に都合よく情報をつくりかえたものです。たとえば，目に見えているものが「人間」なら，「頭が上」「足が下」に見えますが，目の網膜では実際は上下が反対に映っています。これは目のレンズの物理学的構造から間違いなく言えることです。しかし，私たちはそれを脳のなかで上下をひっくり返して実際に存在しているときのように「頭が上」「足が下」と知覚しています。視覚は半分，頭でつくっているものなのです。そのことは，たとえば私から2m離れたところにいる人が1mの距離まで近づくと，眼の網膜ではその人の像の大きさが2倍になるのに，私たちは2倍の大きさになったとは知覚しない，ということでもわかるでしょう。私たちは網膜による感覚情報を加工して，同じ背の高さとして知覚するのです。こうして知覚情報のかなりが，頭のなかで，実際に合うように加工されたつくられた情報になっています。

②価値判断と感性

　このように，私たちは感覚器官から入ってきた情報を脳のなかで組み合わせ，ときにはつくりかえて，瞬時に「あれは○○」と知覚しますが，そのとき同時に，その知覚情報を価値づけして，そのものやこととの距離，接し方を決めるのです。おそらくそれは，生物として人間は，たとえばガサッと音がすると，瞬時に逃げるべきか，安心かという判断をしなければならなかった，ということからくるのだと思います。同時に知覚は行動の構えをつくる作業であり，対象を価値づけする作業，対象との接し方を初発的につくる作業でなければなら

なかったのです。

　ですから，先ほど述べたように，人間は何かに接してその対象を知覚すると
き，必ずそれが私にとって良いものか，不思議なものか，当たり前のものか，
未知のものか等々の初発の判断をするようになっています。初めての建物のな
かに入ったとき，「あら素敵な建物！」と感じるか，「落ち着かない建物！」と
感じるかなど，初発で必ず価値づけをするのです。

　これは赤ちゃんのときから始まります。経験知の少ない幼い子どもにとって，
見るもの，聞くもの，触るもののほとんどが未知で，それゆえに，これは何だ
ろう，安心なのか，触れるのか，音がするのか，痛いのか，……というように
対象を価値づけ，それとの距離を定めようとします。そうしないと安心して行
動できないからです。こうした心の動きを私たちは広く好奇心と言っているの
ですが，やがて経験知が広がっていくと，見るもの，聞くもの，触るものに，
おそらく人だけが独自に身につけた価値基準での価値づけが始まります。それ
が美的な価値判断と知的な価値判断です。

　美的な価値判断というのは，「きれいだな」「そうでもないな」などという感
情にもとづく判断で，おそらく人間のみが豊かに発達させた価値判断です。知
的な価値判断というのは，「不思議だな」などと感じる感情にもとづく判断で，
レイチェル・カーソン[*5]の言う「センス・オブ・ワンダー」にもとづく価値判断
です。

　人間は，こうした美的及び知的価値判断を，あれこれ考える前に，対象と接
したときに初発に行います。その判断が深ければ深いほど，その後に始まる思
考の世界，つまり「どうしてきれいなんだろう」とか，「もっときれいにする
にはどうしたらいいのだろう」，あるいは「どうしてこんなにたくさん虫がい
るのだろう」「どうしたらこんな大きな実がつくれるのだろう」というような

＊5　**レイチェル・カーソン**（Carson, R.；1907-1964）：アメリカの海洋生物学者。1962年に『沈黙
　　の春』を出版し，この本は化学薬品の乱用の恐ろしさを告発し，環境問題に警告を発した内容
　　でベストセラーになった。また，没後の1965年に刊行された，幼児期からの自然との関わりの
　　大切さを説いた『センス・オブ・ワンダー』は，環境問題を超えて教育などさまざまな分野に
　　影響を与えた名著として今でも広く読み継がれている。レイチェル・カーソン，上遠恵子
　　（訳）『センス・オブ・ワンダー』新潮社，1996年。

思考の世界が深くなります。

　ですから，人間にとって，初発の美的及び知的価値判断は，世界と能動的に関わって生きていくときの，とても大事な心の働きということになります。

　この世界と接して初発で行う価値判断のことを，私たちは「感性」といっているのです。英語では sensibility といい，sense の能力＝ability を指しますが，この sense は同時に「意味」という意味でもありますので，sensibility は，意味をつくる能力ということにもなります。つまり「感性」とは，対象に対して，良いとか，ダメとか，きれいとか，そうでもないとか，不思議だとか，当たり前だとかの「意味を直観的に創造する能力」のことでもあるのです。

　「感性が豊か」という言い方をよくしますが，こうした文脈で考えれば，外的な情報，ときには身体の内部からの情報をしっかり感受し，それに初発の価値判断をする力が豊かということになります。

　ここには二段階の豊かさがあります。一つは情報の感受力です。ちょっとした情報，たとえばわずかな匂いが感じられる，木目の微妙な差が感じとれる，色のちょっとした使い方の違いを感じとれるなどの感受力の豊かさが，その後の価値判断の豊かさにつながっていきます。

　もう一つは同じ感受に対する初発の価値判断，たとえばすごいとかつまらないとかの価値判断をするときの，その直観的判断の豊かさ・深さです。これには経験的な知識が大いに関係します。知識があると，普通の人には同じようにしか見えないものが違って見えたり，探索の姿勢そのものが深くなります。レイチェル・カーソンが深夜の海岸に甥っ子を連れて行きカニの行列を見せたときに，幼児であった甥っ子はカーソンのようには感動しませんでした。それはカーソンが長年の研究者としての生活によって，深夜に移動するカニの行列はとても珍しく，他にないということを知っていたからです。

　しかし，知識が多い人ほど感動し，初発の価値判断も深く豊かになるかというとそう単純ではありません。知るということには，心の深いところで何らかの感動を伴ったような知り方と，単に知識を積み重ねていくだけという知り方があるからです。知ることによって感情が蘇生されるような知り方を私たちは目指しますが，それには知ることへの謙虚さと，死ぬまで知り続けたい，学び

たいという欲求が不可欠です。無知である自分のその無知さがよい意味で深くなっていくような感覚と言ってよいでしょうか。知れば知るほど不思議さが増すというような知り方。それが，私たちに求められているのだと思います。そうした知り方をしている人は，知ることでますます感動が深くなるということを実感するでしょう。

　いずれにしても，感性が豊かということは，単に感受力が高いということだけではなく，知性の在り方が逆に初発の価値判断に影響して深く感じるということを含んでいます。感性の教育は，感受力を磨くことと，知性の質を問うことがミックスされることを課題としています。

3　感性の育て方──impress と express と

　では，感性はどう育てていけばよいのでしょうか。

　改めてレイチェル・カーソンの『センス・オブ・ワンダー』を読み解くことの必要性が自覚されますが，「保育所保育指針」等では先に引用したように「内容の取扱い」のなかで「①豊かな感性は，身近な環境と十分に関わる中で美しいもの，優れたもの，心を動かす出来事などに出会い，そこから得た感動を他の子どもや保育士等と共有し，様々に表現することなどを通して養われるようにすること。その際，風の音や雨の音，身近にある草や花の形や色など自然の中にある音，形，色などに気付くようにすること」と書いてあることがヒントになるでしょう。

　①「十分に関わる」ということ

　まず身近な環境と「十分に関わる中で」という文言が大事でしょう。

　「表現」は，英語では expression ですが，これは ex＝外に press＝刻印する，ということです。外に自分の内部の感情や想いを外化（見える化）し形にして（形象化），他者の心に刻印するということですが，そのためには，その前に自分の心のなか＝in に思いを刻印＝press することが肝要になります。この in-press のことを英語では impress＝印象と言っています。心のなかに強く刻印することを意味します。express と impress はセットなのです。

　つまり，外に何かを表現するためには，その前に心のなかにそれを強く印象づけることが必要だということです。何かの絵を描くときには，描こうとするものに対して何かを深く感じるという体験が先行して必要で，それを心に何らかの形で刻印したうえで，その内容を今度は外に刻印したいという思いが育つことが表現の条件だということです。

　たとえば，魚の絵を描こうとすれば，実際に魚に触れ，飼ってみたり，魚拓をとってみたり，焼いて食べたり，水族館に行ってみたりして，魚について何がしかの強い印象をもてるようになれば（内的刻印），その印象の何かを形にして描こう（外的刻印）とすることが可能になります。そうでないと，適当に保育者の指示に従って紙を絵の具で埋めるだけになりがちです。

　目の前の風景が好きで，毎日それを眺めているのが大好きという子は，その風景を描くことに無理がありません。しかし，そうした体験をもたない子に風景を描くことを要求すると，動機なしに行動せよと言っているのと等しくなります。

　意識的な表現活動を要求するときや具体的に期待するときには，その前提として，子どもたちが表現したくなるような内的な刻印の活動が大事だということはよくわきまえておくべきでしょう。だからこそ身近な環境と「十分に関わる」ことが大事なのです。

　②「美しいもの，優れたもの，心を動かす出来事などに出会」うということ

　さて，次に重視すべきは「美しいもの，優れたもの，心を動かす出来事などに出会」うということです。

　子どもたちは，何かに触れ，そこから情報が入ってくると，その情報の知覚と同時に価値づけをすると言いました。それが感性の働きなのですが，その価値づけは，情報に接して知覚するときにその情報に対して，驚きや喜び，感動，疑問等の感情が湧けば湧くほど，つまり価値づけのための感情が大きく湧けば湧くほど，深く起こります。「あ，きれいな蝶！」ときれいさを感じれば感じるほど，その蝶に対する関心が強くなり，「名前は何というのかな？」「もっといないのかな？」「飼うことはできないのかな？」などとその後の思考の世界が広がります。今度はそれを絵で表現すると，その子のきれいという想いに比

例したその子らしい色づかいやデザインが生まれます。そのとき，筆の使い方や絵の具の使い方を教示することは必要でしょうが，どう描くべきかは，可能な限り子どもに任せるべきでしょう。ときに「葉っぱは緑でしょう」という指示をする人がいますが，絵は写真ではなく，その子の内的な刻印＝印象を外化するものですから，その子がもっとも感じていることを形にすればよいのです。「臭かった！」というのでブタの臭さを描いた子どもがいましたが，表現はそういう形でその子の独自の感性を形象的で安定的なものにしていくのです。もしこんな絵をという思いが保育者にあるのなら，その人がすばらしいと思う絵を日常から子どもたちに見せて絵のおもしろさを感じるようにしておけばよいのです。もちろん習作というレッスンもありますから，写生画を描かせてもよいのですが，絵画表現は写真とは異なる表現手法であるということを忘れてはいけません。

　③「表出」を可能な限り「表現」として見る

　先に「表出」と「表現」の違いを議論しましたが，幼い子には表出もできるだけ表現として扱うことが大事だと言いました。「表出」と「表現」には接点が多くあるということは，保育をしていればすぐわかります。

　ある保育者が，4歳児クラスの子どもたちを近所にある小さな川に連れて行きました。春のことです。「ハアルノオガワハ，サラサライクヨ……♪」という歌をクラスで歌ったあと，実際に春の小川はなんて言って流れているのかな，聞きに行こう，ということで行ったのです。流れに耳を澄ました子どもたちは口々に「ピチピチ，ピチピチ，ポットンって流れてる！」「チョロチョロ，チョロチョロ，パチン，って言っている」「ドドドボドボドボ，ダンダンって流れてる」など，全員が異なった言い方で表現しました。

　保育者はそれを記録しておいて，その言い方どおりに文字で書いてクラスに貼り出しました。カタカナでしたが，それを毎日読んであげると，多くの子どもたちがいつの間にかカタカナの読み方を覚えてしまいました。

　この実践で，子どもたちが思わず「ピチピチ……」などと言ったことは，表

＊6　高野辰之（作詞），岡野貞一（作曲）「春の小川」。

現なのですが，川の音を聞いただけで反射的に出てきた言い方という点では表出的です。意図性がさして見られないからですが，このように思わず出てきた表出が工夫した表現に直結するということは保育ではよくあります。だからこそ，幼い子の表出を可能な限り表現と見ることで，子どもの表現への意欲を育てたいのです。その表現の仕方に，その子の，世界のあらゆるものに接近し自分との距離を縮める（わがものにする）ときの，その子独自の手法，迫り方のヒントが隠されているのです。

3 感性を育てることの意義

　この章の最後に，感性を育てることは，コンピュータが生活の隅々にまで入り込んで，人工知能が難しい判断を人間に代わってしてしまう近未来において，とても大事な意義があるということを強調しておきましょう。

　すでに述べてきたように，人間は外からの情報に対して必ず価値的判断をし，そのあとに思考を始めるところに特徴があるのですが，人工知能，一般にコンピュータには，この初発の価値判断というプロセスがありません。情報を感受してもその情報を価値判断することをしないのです。だからこそ，感情を抜いて理屈だけで判断するのですが，勝負事の世界ではそれでよくても，日常生活ではそれでは困るのは目に見えています。

　逆に言うと，人工知能がはびこる時代には，人工知能が行えない初発の価値判断が豊かに行える人，すなわち感性が豊かで，表現が個性的な人が，仕事上も生活上も重宝がられる時代になっていくと考えられます。そうした時代を生きていく力を育む基本に「表現」が位置づいているという自覚が大切なのです。合理的思考と芸術的思考をじょうずに，個性的に統合して，世界と接していく，そうした人間を育てたいのです。

✎ まとめ •
　本章では，「表現」という領域が，「絵画製作」「音楽リズム」という旧領域を単にまとめたものではなく，子どもの一挙手一投足をその子の個性的な「表現」と受

け止め，そこにその子の世界，他者と向き合うときの態度，価値づけ，関わり方が芽生えているという視点で捉えることの大事さを学びました。それが子どもを個性的に育てていくときの前提なのです。その「表現」をどう洗練させて，知的・芸術的にレベルの高いものにしていくかは，乳児期だけでなく，幼児期の表現指導の具体的な在り方に規定されますので，本章では扱いませんでしたが，表現的な個性として子どもを捉えること，そして子どもの表現への保育者の愛の大事さは，常に心に留めておきたいものです。そうした姿勢でのみ，子どもの感性も育っていくこと，これも大事な本章のテーマでした。

 さらに学びたい人のために

○ヴィゴツキー，広瀬信雄（訳），福井研介（注）『子どもの想像力と創造（新訳版）』新読書社，2002年。

　　1972年刊の新訳版です。入門的な内容ですが，最近はヴィゴツキーについての本が多く出版されていますので，読みやすい本を探して読んでみるのもよいでしょう。表現力が多様な経験とそこから得た知を巧みに組み合わせて生まれることがよくわかります。

○ハワード・ガードナー，松村暢隆（訳）『MI：個性を生かす多重知能の理論』新曜社，2001年。

　　学力や知能検査ではかれるのは，人間の知能の一部（数あるなかの一つ）にすぎず，人間の知能は，絵を描く能力，言葉を巧みに表出する能力など複数の知能（多重知能）からなっている，ということを提唱したもので，レッジョ・エミリアの実践とも響き合った本です。

第2章

子どもの発達と表現

- - ● 学びのポイント ● - -

- 子どもの表現の背景にある，意欲，認知，技能の発達を理解する。
- 身体表現，造形表現，音楽表現の各領域の発達を理解する。
- 総合的活動としての表現を理解する。

WORK　表現を通して「発達」を認識してみよう

1．「発達」を絵で描いてみよう

2．描いた絵を互いに紹介し合おう

3．自分が描いた絵に対応するところに○をつけ分析してみよう

何を描いたか	人　　動物　　植物　　物　　抽象的
どのような面の発達を描いたか	身体　　運動　　知的機能　　言葉　　感情 社会性　　その他（　　　　　　　）
いつからいつまでの発達を描いたか	いつから：生まれる前　乳児　　幼児　　児童 　　　　　　青年　　大人　　高齢者 いつまで：乳児　　幼児　　児童　青年　　大人 　　　　　　高齢者　　死
描いたのは量的変化か質的変化か	量的変化　　　質的変化
発達の原因や影響要因は描いたか	描かれていない　　描かれている 　　　　　（何を描いた？：　　　　　　　）

4．上の分析をもとに絵に反映されている自分の発達観をまとめてみよう

発達とは：

● 導　入 ● ● ● ● ● ● ● ●

　子どもは自分の思い，心を動かされたこと，興味をもったことを，体の動き，言葉，歌，製作や絵などで表します。こうした子どもの表現を援助するには，表現を生み出す子どもの意欲，認知，また各表現様式における技能の発達を理解することが有効です。この章では子どものさまざまな表現の背景にある発達を学びます。子どもの表現は自由で総合的なものであり，表現領域を容易に越境していきます。身体表現，造形表現，音楽表現といった領域に分けて発達過程を見ていきますが，子どもが示す実際の表現活動は領域に縛られたものではなく，総合的なものであることを心に留めておいてください。

● ● ● ● ● ● ● ●

1 表現の発達の背景

　人は，自分の思いや感情を三つの方法，すなわち体を動かす，絵を描く，音を出すことにより表現すると言われます[*1]。これらは「保育内容（表現）」における身体表現，造形表現，音楽表現に対応しています。

　表現行動は特に乳幼児期に大きく発達します。その背景には自分の思いや気持ちを表現したいという「意欲の発達」，対象や状況を理解し表現へと結びつける「認知の発達」，そして表現を生み出す「運動調整技能の発達」があります。

1　意欲の発達

　人の表現は感情表出から始まります。人は「充足」「興味」「苦痛」の三つの一次的情動を備えて生まれてくると言われています。この三つは，その後発達するにつれ多様な感情へと分化していきます。「充足」は生後 3 か月までに「喜び」へ，「興味」は生後 6 か月までに「驚き」に，「苦痛」は生後 3 か月ま

＊1　Cohn, N.（2013）. *The visual language of comics*. London: Bloomsbury, p. 3.

でに「悲しみ」と「嫌悪」に分化し，さらに生後6か月までに「怒り」と「恐れ」に分化していきます。その後1歳半から2歳頃に自己意識をもち始め，社会の基準やルールを理解するようになると，それらの基準やルールに自分が合致しているのかの判断から生まれる複雑な自分への感情（自己意識的感情：「困惑」「恥」「罪悪感」「羨み」「誇り」）が表出されるようになります。[*2]

　乳児は自己の感情をそのまま表出しますが，幼児になると，感情や思いを意図的に「表現」するようになります。偶然から生まれた表現のおもしろさ（音に合わせて体を動かすと何か楽しい，クレヨンを動かすと紙の上に線が残るのがおもしろい）から出発し，その楽しさやおもしろさを繰り返そうとし，さらに意図した表現ができることへの喜び，また仲間と共に表現することの喜び（みんなで踊ると楽しい，みんなで描くとおもしろい）へと発展していくのです。

　表現は自発的で自由なもので，強制されるものではありません。自由で主体的な表現は，安全な環境のもとで，安定した心により初めて可能となります。乳児期の保護者や保育者との愛着関係[*3]が，まず安定した心理的環境となります。安定した愛着はその安心感をもとに，環境の自発的な探索を生じさせ，それによるさまざまな物や人との出会いをもたらし，驚きや感動を体験させ，表現への意欲を生むのです。自己表現が受け入れられる場では，現実生活で抑制されがちなネガティブな感情も安全に表出でき，感情の解放感（カタルシス）を得ることもできます。

2　認知の発達

　子どもの認知（理解，判断など思考の基盤となる知的な機能）の発達を明らかにしたスイスの発達心理学者ピアジェ（Piaget, J.；1896-1980）は，生後すぐから1歳半～2歳頃までを「感覚運動的思考段階」，その後を「表象的思考段階」

---

*2　Lewis, M. (1993). The emergence of human emotions. In M. Lewis & J. M. Haviland (Eds.), *Handbook of emotions*. New York: Guilford Press, pp. 223-235.
*3　**愛着関係**：乳児が養育者に対し形成する，安全や安心，保護の欲求にもとづいた絆で，その後の人間関係の基礎となると考えられる。

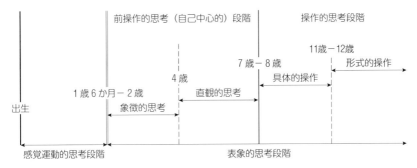

図 2-1　ピアジェの認知の発達段階

出所：筆者作成。

としています[*4]（図 2-1 参照）。「感覚運動的思考」は，乳児が事物を舐めたり触れたりしたときの感覚や，手足や体の動きへの環境の反応を通して世界を認識し，理解することを言います。そのため，乳児期の表現は，身体内外の感覚を基盤にした体の動きや発声が中心です。「感覚運動的思考段階」の終わり頃には「表象」（実際の物事ではなく，それらの代用となるイメージや言葉）が次第に発達し，表象として見たことや聞いたことを記憶し，それを違う場面で再生する延滞模倣ができるようになります。

　 1 歳半〜 2 歳頃になると「表象」の発達が著しく，「表象的思考段階」に入ります。この段階では，イメージや言葉を用いて考えたり理解するようになります。「表象的思考段階」のうち， 7 歳頃までを「前操作的思考段階」と言います。「操作」とは物事を頭のなかで論理的に考える過程（「ああするとこうなるだろう，それなら次にこうすると……」のように予想を立てそれに従って考えること）を言いますが，この時期はまだそれが十分にできる前なので「前操作」と呼ばれます。

　「前操作的思考段階」の前半（ 4 歳頃まで）は「象徴的思考段階」です。この

＊ 4　Piaget, J. (1964). *Six stude de psychologie.* Gonthier.（ピアジェ，J.，滝沢武久（訳）『思考の心理学──発達心理学の 6 研究』みすず書房，1968年）。
　　 なお，ピアジェは，人は環境との相互作用のなかで，認識を主体的に構成していくと考え，多くの観察や実験をもとにその過程を実証し，認知発達理論として提出した。

時期に，イメージや言葉が著しく発達し，それらを用いた見立てやごっこ遊び
が展開されるようになります。記憶している表象（イメージや言葉）をもとに，
ヒーローやお姫様など登場人物にふさわしい動作や言葉遣いをするのです。

　「前操作的思考段階」の後半（4〜7歳頃）の「直観的思考段階」になると，
外界の出来事を自分なりの論理で説明するようになりますが，自分の観点から
離れた客観的な見方まではできません。これは「自己中心性」と呼ばれ，幼児
の認知発達の大きな特徴です。幼児の表現は彼らの自己中心的な世界で了解さ
れていることの表れであり，他者からはわかりにくいことがよくあります。

　アメリカの教育心理学者ブルーナー（Bruner, J.；1915-2016）は，乳幼児期を
通した表象の発達について，「身体表象」（動きを通して世界を知る），ついで
「イメージ表象」（イメージを通して世界を知る），そして「象徴的表象」（動きやイ
メージを言葉にしていくことで世界を知る）へと発達していくとまとめています[*5]。

　スワンウィックとティルマン（Swanwick, K., & Tillman, J.）は，ピアジェの
発達理論を基盤に音楽表現の発達について，「習得（mastery）」（感覚を通した音
素材の探索と音の統制感の獲得），「模倣（imitation）」（表象にもとづく音楽的表現の
模倣），「想像遊び（imaginative play）」（思考を基盤にした音楽規則に従った曲の創
造）という流れを提唱しています[*6]。まず自分の身体や感覚を通した表現，他者
や大人の表現の模倣，そして独自のイメージにもとづく表現という，この「習
得」「模倣」「想像的遊び」の流れは，音楽表現に限らず，すべての表現活動の
発達に共通するものです。

3　運動調整技能の発達

　子どもの表現の第3の背景は「運動調整技能」です。日々の環境との相互作
用を通して形成される運動系の神経系ネットワークにより，身体感覚が獲得さ

＊5　Bruner, J. S. (1966). *Studies in cognitive growth : A collaboration at the Center for Cogni-
　　tive Studies. New York: J. Willey & Sons.（ブルーナー，J. S., 岡本夏木ほか（訳）『認識能
　　力の成長』明治図書出版，1968年）。
＊6　Swanwick, K., & Tillman, J. (1986). The sequence of musical development. *British Jour-
　　nal of Music Education*, **3**, 305-339.

れ，また運動の制御ができるようになり，それらは身体の動き，細かな手先の動き，意図的な発声のコントロールなどによるさまざまな表現活動の基礎となります。日々の繰り返しは，これらの技能をさらに習熟させ，それによる技能の向上は，表現意欲を高め，さらに次の表現へとつながります。このように技能の発達は，表現の意欲や表したいイメージを，行動として現実化する手立てとなるのです。

2 身体表現の発達

　出生当初の身体運動は，手のひらに何かが触れると反射的に握り返すといったような，外界の刺激に意識を介さないで反射で応える単純なものですが，神経系や筋肉の成熟を通して身体運動は複雑で適応的なものになっていきます。しかしそれだけではなく，子どもの周囲にある段差や，立ち上がりや立ち歩きを支えてくれる家具などの環境の事物が与えてくれる「行為の可能性」（アフォーダンス）が，身体と環境の相互作用を通して，より洗練された適応的な動きをもたらします。

　身体表現には，自分の意図に応じた身体の動きやその調整が必要です。身体全体の動きを「粗大運動」，手先の指の動きを「微細運動」と言います。乳児期からの運動発達を見てみましょう。

1 粗大運動の発達

　1歳前後に伝い歩きが始まり，1歳半にかけて一人歩きが始まります。2歳

***

＊7　**アフォーダンス**：アメリカの知覚心理学者ギブソン（Gibson, J. J.; 1904-1979）が提出した概念。人や動物の行動を促したり，導いたり，制限するように働く，環境が提示する性質を言う。たとえば，身近にある家具のもつしっかりと安定しているという性質が，子どもの立ち上がりを支えたり，立ち歩きを促したりする。
＊8　佐々木正人『アフォーダンスの視点から乳幼児の育ちを考察』小学館，2008年。
＊9　Bayley, N. (2006). *Bayley Scales of Infant and Toddler Development* (*3rd ed.*). San Antonio, TX: Psychological Cooperation.

過ぎに走ること，3歳過ぎに，前に飛んだり，爪先立ちをしたり，片足跳びをすることができるようになります。このように徐々に体全体を自分の意思に応じて動かせるようになると，体の動かし方のパターンが習得され，それをもとに他の人の姿勢や行動を模倣して同じ姿勢や行動を取ることができるようになります。こうした行動の模倣によって，みんなで同じ姿勢をしたり，一緒に踊るといった共同的な身体表現ができるようになります。

2　微細運動の発達

　微細運動は，造形や楽器演奏の基礎技能になります。摑みや握りの発達を見ると，生後6か月頃から積み木を手のひら全体で握るように摑むことができますが，1歳頃になると親指と他の指を使って，指先で積み木をつまめるようになります。クレヨンや鉛筆などは，1歳半過ぎには手のひら全体で握り，2歳過ぎに親指と他の指が向かい合うように握る「過渡期の握り」，2歳半には親指と他の2本（あるいは3本）の指を使った「中間型の握り」ができるようになります。3歳頃には絵を描く際に紙を手で押さえられるようになります。3歳半を過ぎると親指，人差し指，中指の3本の指を使った，機能的・協応的な「ダイナミックな握り」が可能となります。

　描線の模写や模倣を見ると，3歳頃には水平や垂直の線の動きを模倣でき，3歳半を過ぎると円，プラス，正方形などの形の模写が可能となってきます。このようにダイナミックな握りができるようになる3歳半を過ぎると，適切な描材の握りや扱いができ，描写の基礎能力が整います。

　さらに造形の基礎技能であるハサミの使用の発達を見ると，3歳半過ぎに，ハサミを用いて紙を切ることができるようになり，直線に沿って切る，線に沿って丸い形を切る，正方形を切るなど，手先を統制した切る技術が発達していきます。

3　イメージを表現する身体の動きの発達

　身体表現活動は，生活のなかでの感情や印象あるいはさまざまな事物をイメージして動く活動や，音楽や歌に合わせた動きやダンスなどと捉えられることが多いようです。なかでも物語のなかの動物や主人公の動きをイメージし，表現するには，イメージ表象の発達やイメージを身体の動きへとつなげる認知と運動調整の発達が必要です。幼児期の身体表現の発達を見ると，3 歳児はそれらしく表現するというよりも，何かになってみんなで動くのが楽しいという模倣による動きを中心とするときで，動きも主に体全体というより手足の動きが基本です。4 歳児になると模倣から少しずつ表現に移行し，イメージが次第に拡がり，そのものになりきった動きを楽しむようになります。そして 5 歳児になると，知的，情緒的，社会的な発達と身体の調整力の発達に伴い，複雑な動きや個性的表現，グループでの動きの創作なども可能になります。

4　動きとリズムの同調の発達

　幼児期の身体表現の一つに，リズムに合わせた動きがあります。ダンス，手を叩く，歌う，行進するといったリズミックな行動は音として提示されるリズム拍に合わせるために，聴覚と運動を協応させる力が基礎となります。乳児も音楽に対し自発的に，反復的な動きを示しますが，同調的な動きはせず，したとしても数回にすぎません。幼児になると他の人と合わせて物や手を叩くことができるようになりますが，その同調はまだばらつきが大きいものです。音楽的な刺激に正確に同調する能力は，児童期に発達していきます[*11]。

＊10　若松美恵子「3，4，5 歳児の身体表現力の発達」『日本体育学会第44回大会号』，1993年，p. 545。

＊11　Hannon, E. E., Nave-Blodgett, J. E., & Nave. K. M. (2018). The developmental origins of the perception and production of musical rhythm. *Child Development Perspectives*, 12, 194 -198.

3 造形表現の発達

　造形表現は微細な手の動きなどにより，経験をもとに感じたこと，イメージ
したこと，考えたことを絵や粘土や紙などのさまざまな素材を用いて表現する
ことです。ブリテン（Brittain, W. L.）の研究をもとに，幼児期の造形表現の例
として描画の発達を微細運動の調整の発達と関連づけて見てみましょう[*12]。なお，
（　）に示す年齢は，あくまで目安としての年齢です。子ども一人一人の個人
差があることを理解してください。

1　「でたらめのなぐり描き」（1～2歳半）

　クレヨンなどの描材を握りますが，まだ握り方がきちんと決まっておらず，
手首はあまりよく動かず，腕の振り動かしで線描の方向や長さが決まります。
そのような線が繰り返し描かれるのが特徴です。自分の体に向かって弓なりに
描かれる弧線を繰り返し描き，ひじを曲げると縦線，手首の動きがしなやかに
なると小さな円弧になりますが，まだ指の動きも乏しい時期です。

2　「統制されたなぐり描き」（2～3歳）

　絵自体は前の段階と大きく変わったようには見えませんが，子どもは自分の
描くものをじっと見るようになり，描材の握り方も大人に近づき手首の動きも
しなやかになります。子どもたちは生まれてくる形を統制しているようで，線
も紙からはみ出すこともなくなり，複雑な輪状や渦状の形が見られるようにな
ります。

＊12　Brittain, W. L. (1979). *Creativity, art, and the young child.* New York: Macmillan.（ブリ
　　テン，W. L.，黒川建一（監訳）『幼児の造形と創造性』黎明書房，1983年）。

図 2 - 2　なぐり描き

注：（左図）　2 歳半の子どものなぐり描き。画面を横切って弓型にクレヨンを押すような腕の
動きがわかる。
（右図）　3 歳半の子どものなぐり描き。ここには，より高度なコントロールと，特定部分
における描線への集中が示されている。
出所：ブリテン（1983），pp. 38, 39。

3　「なぐり描きへの意味づけ」（ 3 ～ 4 歳）

　子どもたちは，自分が描いている形に事物の名前を当てはめ始めます。自分
が紙に描いた線描と自分の経験のなかにあるものや出来事とを関連づけて捉え
られるようになったのです。リュケ（Luquet, G. H.）はこの発達段階を「偶然
のリアリズム」と呼んでいます。[13]

4　「表現初期段階の描画」（ 4 歳）

　絵は，表そうとしたものに似せてそれらしくなってきます。この時期の特徴
的な描画に，人を 2 本の足に直接頭がついた形で描く頭足人があります。子ど
もは人のもっとも目立つ顔（特に目と口）とよく動く手足を描くことを優先し，
胴体の認識があまりないことが反映されています。人を複数描いても秩序はな
く，空中を浮遊しているように描かれます。

---

[13]　Luquet, G. H.（1927/1977）. *Le Dessin Enfantin*. Paris: Delachaux & Niestlé S. A.（リュケ，
G. H., 須賀哲夫（監訳）『子どもの絵──児童画研究の源流』金子書房，1979年）。

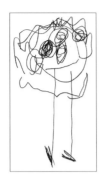

図2-3　頭足人

注：（左図）何かを書き表そうとして，すごく苦労し努力しているようすがうかがわれることもある。これが人物であるということは，容易に見当がつく。
　　（右図）4歳児が描いた典型的な頭足人表現である。人物を示す手っ取り早い形象になる。
出所：ブリテン（1983），pp. 46, 47。

5　「前図式期」（5〜7歳）

　人の胴体が描かれるようになり，指や洋服なども描かれます。また画面内に秩序がもたらされ，上下関係や空や地面を表す線（基底線）が描かれ，人は同じ地面の上で描かれるようになります。

6　「図式期」（7歳以降）

　経験したことを写実的に描くようになります。幼児期の描画から「図式期」への変化をリュケは，知っているものを描く「知的リアリズム」（対象を目の前にしながらも，おきまりのパターン画になったり，スカートのなかに見えないはずの足を描いたりする）から，見たものを描く「視覚的リアリズム」への変化の時期であるとしています。幼児期を通して，子どもは頭のなかの図式的な表現を単に再現するのではなく，より本当のこと，見えることを表現したいと思うようになり，それに挑戦するようになるのです。また，幼児期の描画はクレヨンや鉛筆，絵筆などの描材を扱う子どもの運動調整能力を促すことになり，その後の文字や図形の書き（描き）につながっていきます。

表 2 - 1　子どもの造形表現の発達

年齢	ピアジェ	ブルーナー	描画	粘土	積み木	もの	砂	キーワード
			プリテン	プリテン・槇	槇	槇	槇	
0-1歳頃	感覚運動的思考段階	動作的表象	探索・跡をつける（たたく，ちぎる，こねる等）	探索（音を出す）	探索する（つぶす・投げる等）	探索・跡をつける（水と混ぜる等）	探索，もて遊び
1-2歳頃			でたらめのなぐり描き期					
2-3歳頃	表象的思考段階	映像的表象	統制されたなぐり描き期	単純な形（丸める，伸ばす）をつくる・見立てる	操作し，見立てて遊ぶ	見立てる・組み合わせて命名する	型をぬく・線を描く・見立てる・穴を掘る	見立て，意味づけ，象徴
3-4歳頃	前操作的思考 象徴的思考		なぐり描きへの意味づけ期					
4-5歳頃	直観的思考	象徴的表象	表現初期期	半立体的に表す・組み合わせてつくる（くっつける，穴を開ける）できたものを命名する	構成する・できたものから発想する	形や色から発想してつくって遊ぶ	半立体・立体的に表す，理論を試みる	構成，つくって遊ぶ
5-7歳頃			前図式期					
7-9歳頃	操作的思考 具体的操作		図式期	立体で表す・何をつくるかを言ってつくる・グループでつくる	目的や構想をもってつくる・利用する	目的をもってつくる・遊びに利用する	目的や構想をもちグループでつくる	目的，共同

出所：槇（2008），p. 70の図表 4 - 1 ，図表 4 - 2 より作成。

　槇は，乳幼児期の描画の発達や造形素材の扱いの発達をピアジェやブルーナーの発達段階と照らして表にまとめています（表 2 - 1 ）[14]。

4　音楽表現の発達

　胎児も母体のなかで，母親の感情に伴う声の変化を聞いています。母親は出生後の乳児に高いピッチ，ゆっくりした速度で話しかけますが（このような話しかけをマザリースと呼びます），これは子どもの注意を引きつけ，ピッチの変化は情動的なコミュニケーションを促します。母親と乳児との発声や身体の動きによるやり取りは，音楽的なリズムやメロディのような特徴をもつことからコミュニケーション的音楽性（communicative musicality）と呼ばれます[15]。言葉がまだわからない乳児には，この音楽性が養育者との情動的なつながりの基盤と

*14　槇英子『保育をひらく造形表現』萌文書林，2008年。
*15　Schubert, E., & McPherson, G. E.（2006）. The perception of emotion in music. In G. E. McPherson（Ed.）, *The Child as Musician : A Handbook of Musical Development*. Oxford, UK: Oxford University Press, pp. 193-212.

なります。母親の子守唄のメロディやリズムがもつ感情を鎮める性質も乳児の感情の調整を助けます。音は注意や興味を引きますが，特にリズム感のある音に子どもは身体を揺らす，足踏み，手を叩くなどの身体表現で反応します。また子ども自身の発声，事物を叩いたり楽器に触れることによる音の自由な表出経験は，自分の行為とそれへの環境の反応から周囲の世界を理解する基本となります。

1　音楽からの感情認知の発達

　音は一定のルールに従って表出されることで，音楽という表現になります。バラバラで任意の音の表出が，一つのリズムを刻んだり，一つの旋律を構成したり，また他の仲間の出す音と同期して音楽となると，子どもの関心は大きく高まります。

　音楽は，特に感情と関連性の高い表現活動です。シューベルトらは音楽と感情の関わりの発達を次のように示しています。[16]誕生直後の新生児は自分の感情を発声や腕の動きで表出します。母親のマザリースのピッチの変化は情動的なコミュニケーションを促します。先にも述べたように，子守唄のメロディ，リズム，テンポは乳児の感情を鎮める効果をもちます。こうした乳児の音楽への反応性は養育者との情動的なつながりの基盤となり，養育者の世話を受けやすくなるという生得的な生存価をもつのです。幼児になると，3歳までに音楽から悲しさや幸せを認知でき，4歳では知っている歌をテンポやピッチを変えて，楽しそうにあるいは悲しそうに歌うことができます。西洋音楽文化のなかにいる子は4〜7歳の間に長調は楽しい，短調は悲しいという関連を理解します。

2　音楽の表出の発達

　音楽の表出者としての子どもの発達はどうでしょうか。スワンウィックらは，[17]

*16　前掲書（*15）。
*17　前掲書（*6）。

38

音楽の表出に関する8段階のモデルを提出しています。幼児期を中心とする最初の4つの段階を示しましょう。

　3歳頃までは，音の音色や大きさに興味をもち，楽器などでさまざまな音を出して音の探索をします（「感覚的段階」）。4〜5歳では，歌うことや楽器の操作に興味をもち，音階や速さを変化させようとします（「操作的段階」）。5〜6歳では，個人の感情を率直に歌や楽器の音で表出します（「個人的表出段階」）。6歳頃からメロディやリズムのパターンなど，音楽としての音の構成や規則に興味をもち，音楽的なまとまりのある音の流れを表現するようになりますが，これは7〜8歳でより明確になります（「音楽的表現段階」）。

5　総合的活動としての表現

　表現活動は今まで述べてきたように身体表現，造形表現，音楽表現などに分類することも可能ですが，むしろ幼児にとっては，遊びをはじめとする，生活そのものが自己表現活動であると考えるべきでしょう。したがって，表現の指導や援助も，幼児の活動全体にわたることになります。乳幼児期を通した意欲，認知，運動調整技能の発達は，年長の後半頃になると，よりダイナミックで総合的な表現活動を可能にします。最後にそのような活動を紹介しましょう。仲渡は，クラスぐるみの「エルマーのぼうけん」をもとにした，製作，運動，音楽（作詞，作曲），劇（オペレッタ）にわたる多様で数か月続いた表現活動を報告しています。[18]

　夏の宿泊保育や秋の動物園への遠足などで，探検ごっこや動物あそびを展開してきた年長児に，保育者が「エルマーのぼうけん」「エルマーとりゅう」「エルマーと16ぴきのりゅう」の3冊を11月に2週間にわたり読み聞かせました。その後，植物公園への遠足で，ジャングル遊びを体験した子どもたちのなかから，「エルマーごっこ」をしようという提案者が出たのです。

　冒険に持っていくリュックをつくり，また，それに入れる棒つきキャンデー，

＊18　仲渡規矩子「遊びの展開と認識──エルマーのぼうけん」『幼児教育研究紀要（昭和53年度）』広島大学附属幼稚園，1978年，pp. 1-20。

チューインガム，くし，ナイフ等の所持品を，保育者に本を読んでもらっても う一度確認したり，字の読める者は本を読みながら点検し，製作しました。ま た，持っていく地図づくりも起こりました。

　リュックサックや，所持品ができあがり，エルマーごっこを始める日，「ジ ャングルは少し暗いよ」という子どもの声に，保育者が暗幕をひいてやると， 暗くなったホールで子どもたちは喚声をあげ，エルマーごっこは勢いづきまし た。木箱，トランポリン，木工机，マット，つりロープなどを，島やくじらな どさまざまなものに見立てて，サーキットのように巡っていく遊びが始まり， エルマー役や動物役をやり合い，遊びをおもしろくする工夫がいろいろと行わ れました。

　その後，冬休みをはさみ，かるたなどお正月の遊びが展開しましたが，1月 下旬に再び，エルマーごっこが始まりました。遊びのなかでの「せりふ」がだ んだん増え，「りゅう」づくりが始まり，失敗の末，赤い角，立派な羽根としっ ぽをもった空色に黄のしまもようの「りゅう」ができあがりました（図2- 4）。

　2月になると「エルマーのぼうけん」の絵を描き，また，「りゅうにのって」 という歌をみんなでつくって毎日歌うようになります。

　3月のおわかれ会に何をしようかと子どもに相談すると，「エルマーのぼう けん」の劇をしたい，歌を全部つくって，言葉もいれて，トラやサイもつくっ て，と目を輝かせて，みんな，張り切ります。1日1曲ずつ，「ねこのはなし」 「エルマーのぼうけん」「リュックサックにいれよう」「みかん島へ」「さあどう ぶつじまだ」など，多くの歌をみんなでつくっていきました。また，歌の間に， いろいろなせりふも入ってきます。

　おわかれ会の，オペレッタでの役割は女児全員がエルマー，男子がその他全 部の役を次々に演じました。保育者はその様子を「ライオン，サイなど，それ ぞれ苦心してつくり，長い間遊び続けた製作物には，物というより仲間として の愛着が感じられる。女の子が男の子の後から両肩に手を掛け"……りゅうに のってそらをとぶ"と歌いながら曲に合せてホールを一周して終る。本当に空 を飛んでいるように嬉しそうな表情であった」と報告しています。[*19]

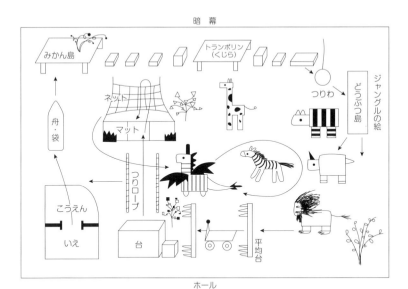

図2-4　エルマーごっこの配置

出所：仲渡（1978），p. 8.

　保育者は，宿泊保育や遠足体験に由来する，子どもたちの探険ごっこへの興味を生かし，読み聞かせによって，次の活動への方向を与え，造形，音楽，運動，劇などが複合された総合的な表現活動への発展を支えています。子どもの活動を支え，子ども自身の主体的な活動とし，子どもの意欲や欲求の支持者として動いています。そのような自由で自発的な場であるからこそ，子どもたちの多様で豊かな表現活動が展開されたのです。

　表現の指導では，表現意欲の基礎となる日々の生活のなかでの感動や思いを大切にすることが課題となります。保育者自身が子どもの発達をふまえ，生活のなかのおもしろさ，不思議さ，感動を見つけ，子どもたちに示すことが重要でしょう。

---

*19　前掲書（*18）。

まとめ ･･

　子どもの表現の背景にある意欲，認知，技能の発達，並びに身体表現，造形表現，
音楽表現における子どもの発達を見てきました。発達の理解は個々の子どもの発達
状況に応じた表現活動の支援を考えるうえで重要です。表現の指導は技能の指導に
偏りがちになることもよく見られます。表現は感動や思いを何らかの形で表出した
いという意欲から生まれるものです。それはまた一つの表現領域にとどまらないで
しょう。子どもの意欲を中心に，多様な総合的な活動としての支援が求められます。

･･

 さらに学びたい人のために

○佐々木正人『アフォーダンスの視点から乳幼児の育ちを考察』小学館，2008年。
　　乳幼児期の身体運動の発達の多様な映像資料がついています。乳幼児期の運
　動が環境との相互作用のなかで発達していくことがよくわかります。

○梅本堯夫『子どもと音楽』東京大学出版会，1999年。
　　音楽的発達について，歌，リズム感，音調，音楽理解などから，多角的に紹
　介されています。

○槇英子『保育をひらく造形表現』萌文書林，2008年。
　　造形表現について，基礎的な理論から多様な実践のアイデアまで，カラー写
　真と共に紹介しています。

第3章

身体的な感性を育む表現

・ ・ ・ 学びのポイント ・ ・ ・

- 保育者自身が，自らの身体的な感性を育むことをおもしろがれるよう，国内外の実践事例を参考にして，実際にクラスメイトと遊んだりもしながら学ぶ。
- 子どもの豊かな感性や表現する力は，毎日の遊びや生活を通して育まれていくことを理解する。
- 普段の保育における遊びや生活が，発表会や運動会などの行事へとつながっていることを理解し，乳幼児期の保育を担う専門家として，表現する過程を大切にした保育や，保育者としての配慮を学ぶ。

WORK　即興的で協同的な身体表現で遊ぼう！

① 　二人組をつくります。リーダーが「ナイフとフォーク」と言ったら，二人は相談をしないで，それぞれがナイフかフォークにすぐになります。その他に，「鉛筆と消しゴム」「眼鏡とコンタクトレンズ」「クリスマスと正月」「水と火」など，対になって身体で表現しやすいお題を出していきましょう。

② 　四人組になります。リーダーが「傘」と言ったら，四人は言葉で相談しないで，身体を使って傘になります。できあがったら一組ずつ，みんなでどんな傘ができたか鑑賞し合いましょう。

③ 　10〜15人くらいで一組になります。みんながよく使っている「駅」や，住んでいる「街」を身体でつくりましょう。リーダーはインタビュアーになって「あなたは何ですか？」「そこから何が見えますか？」「どんな人が暮らしていますか？」「毎日，どんな気分ですか？」などと聞いてまわり，どんな「駅」や「街」ができたのかを，みんなに伝えます。

④ 　この WORK を通して「どのようなことを感じたか」「気づいたか」など，グループで話し合ってみましょう。

〈ポイント〉

・この WORK では，簡単なことから始めるスモールステップスを踏んで，即興的な身体表現を体験していきます。仲間と一緒に思い切って身体で表してみましょう。まず自分が動くと周りの人も動きやすくなります。そして周りの人が何をやっているのかをよく見て関わり合うと，さらにおもしろくなっていくでしょう。

・即興的な身体表現に「正解」「不正解」はありませんが，身体表現をしていくなかで，心のなかで感じていることや考えていることがわかりづらいことがあります。③ではリーダーがインタビュアーになって，一人一人の「思考の軌跡」を言葉で伝え合い，自分の表現や思いを仲間にシェアしていきましょう。

● 導　入 ● ● ● ● ● ● ● ● ●

　本章では，身体的な感性を育む表現について学びます。保育所や幼稚園では日々
の豊かな保育の集大成として行事や発表会を位置づけ実施されていることが多いで
しょう。ときに，運動会や劇の発表会において，子どもの感性を育む過程の大切さ
が忘れられて，発表会の成功に向けての「練習」が繰り返し行われることがありま
す。子どもの豊かな感性や表現する力は，毎日の遊びや生活を通して育まれていき
ます。保育者は子どもが身体を使って表現したいという意欲を受け止めて，保育者
自身も「表現者」として保育現場に存在していきたいものです。保育者も子どもと
一緒に身体をいっぱいに使った，即興的で主体的で，何よりも楽しいからやる身体
的な表現について学んでいきましょう。

● ● ● ● ● ● ● ● ● ●

1 日常の保育のなかの身体表現

　子どもはごっこ遊びが大好きです。実際には自分でできないことをまねっこ
でやってみたり，想像の世界で楽しく遊んでいます。信頼できる大人に見守ら
れ安心できる環境のなかで，子どもは自分とは違う人の人生や物語を生きてみ
たり，さまざまなことを試しながら人と人との関係について遊びながら学んで
いきます。

> ### エピソード1　魔法の座布団でごっこ遊び（2歳児）
>
> 　たくやくんとくにひこくんの二人が，みさ先生のところに行って「ざぶ
> とん，だして」と言いました。みさ先生は子ども用の小さな座布団をクラ
> スの人数分，保育室の真ん中に置くと，子どもたちは大喜びで座布団を取
> りに来て，思い思いの見立て遊びが始まりました。座布団を魔法の絨毯に
> している子，盾や武器にして戦っている子，保育者も一緒になって座布団
> を丸めてコップに見立ててジュースをつぎ合い乾杯をしてごくごく飲んだ
> り，座布団に顔をうずめている子のそばにいって背中をトントンすると，
> うれしそうな顔をこちらに向けて「赤ちゃんなの」と言ってきたり……。

子どものごっこ遊びが充実するためには，子どもたちが主体的に「やりたい」という気持ちになるようなストーリーやスペース，道具などの環境が必要です。そして子どもの表現を受け止めてくれる保育者の存在が不可欠です。

エピソード２　憧れの存在になって繰り返し遊ぶ（５歳児）

　園の廊下の突き当たりのスペースに，子どもたちが自由に使えるステージがあります。大きさは，子どもが五人乗ったらいっぱいになる小さなものです。ここで５歳児クラスの女の子五人が「歌手ごっこ」をしています。一人ずつステージに笑顔であがって客席に手をふり，一節歌うと，お友達が盛大に拍手！　最後は五人一緒にステージにあがり，肩を組んでお客様に大きくお辞儀をし，客席に手を振りながらステージを飛び下り，五人はおもむろに置いておいた水筒を手に取り，ごくごくと飲む真似をして「あー！　疲れた！」「楽しかったわねー！」などと言いながら寝っ転がって休憩に入ります。そして再びリーダーが立ち上がり「さあ，もう一度，行くわよ！」と，他のメンバーを促しステージへ！　何度も何度もこの遊びを繰り返していました。

　子どもたちはテレビやインターネットを通してさまざまな憧れの存在に出会い，そのごっこ遊びを繰り返します。発表会という特別な時間ではなく，普段から子どもが自発的に意欲をもって表現できる場があることが，子どもの表現する感性を豊かに育てていくでしょう。

2　イメージと身体の動き

1　動物になってみることの意味

　海外の演劇学校では，動物の動きから身体表現を学ぶ授業があるそうです。演出家の鴻上尚史さんの著書『ロンドン・デイズ』（小学館，2018年）によると，イギリスの演劇学校の学生は学生証を見せると動物園に無料で入場でき，俳優

の卵である学生たちは，本物の動物をよく観察してその動きを自分のものとして，さまざまなキャラクターづくりに生かしていきます。

　保育者の卵であるみなさんは，動物になってみましょうと言われると，次のようなことをしていませんか？　たとえば「ゾウになりましょう！」と言われたら，片方の手を鼻にしてゆっくり歩いてみたり，「ウサギになりましょう」と言われたら，両手を頭の上で耳にして，ピョンピョン跳んだりしていませんか？　それって，やっていておもしろいですか？

　ある幼稚園の劇の発表会を，5歳女児の父親が撮影した動画を見せてもらったことがあります。今から20年以上も前の動画なのですが，ウサギ役の女の子たちが両手を頭の上で耳にして，音楽に乗ってピョンピョンと踊りながらでてくる場面で，「おい，どうした!?　（うちの娘が）動かなくなったぞ！　おい！どうした！　動け！」という父親の声が入っていました。舞台の端っこで動けなくなった女の子は，このときの気持ちを大人になってから「本物のうさぎはこんなことしないって思ったら，動けなくなった」と教えてくれました。

　イギリスの役者の卵たちは本物の動物のリアルな動きから学び「なってみる」ことを経験し，自分の演劇表現に活かしていきます。一方で日本の保育の発表会においてありがちな，見栄えをよくするために大人が踊りをつくって子どもに教えた動きでは，この女の子は自分のもつ「本物のウサギ」のイメージとの違いに動けなくなってしまいました。幼稚園教育要領等の保育内容「表現」には，「感じたことや考えたことを自分なりに表現することを通して，豊かな感性や表現する力を養い，創造性を豊かにする」とあります。保育者は一人一人の子どもが感じたことや考えたことを安心して自分なりのイメージを表現できるように，その発想や素朴な表現を共感をもって受け止めることが大切です。そして，その表現は何度も試行錯誤を繰り返し行われていくので，そのための環境や素材を保育者は用意していきます。

２　海外の身体表現から──ルドルフ・ラバンとキース・ジョンストン

　"モダンダンスの父"と呼ばれた舞踊理論家にルドルフ・ラバン（Laban, R.;

表3-1　ジョンストンの「ファストフード・ラバン」ゲーム

重さ（WEIGHT）	時間（TIME）	空間（SPACE）
重い（Heavy）	速い（Sudden）	直線的（Direct）
軽い（Light）	遅い（Sustained）	曲線的（Indirect）

出所：Johnstone, K. (1999). *Impro for Storytellers*. Routledge より作成。

1879-1958）という人がいました。彼は身体の動きの特徴を詳細化して身体動作と心理状態との関連づけを行いました。ラバン理論では動きの特徴が24個あるのですが，"インプロ（即興演劇）の父"と呼ばれたインプロ指導者で演出家のキース・ジョンストン（Johnstone, K.; 1933-）は，ラバン理論を俳優のキャラクターづくりに応用しました[*1]。ジョンストンは身体の動きをたった6つに分類して，その組み合わせでもって，さまざまな身体のイメージを育むゲーム「ファストフード・ラバン」を開発しました（表3-1）。

　みなさんも広いホールや体育館のようなところで試してみてください。たとえば重くて遅くて直線的な動きで歩いてみてください。自分が何になったみたいですか？　どんな気分のときみたいですか？　動物で言ったら何ですか？　もしもゾウみたいと思ったら，その動きの感覚を参考にしながらゾウになってみましょう！　いろんな組み合わせでやってみてください。軽くて速くて直線的だったら，「小鳥？」「リス？」「トイレに早く行きたい人？」でしょうか。

　あなたがもしも普段からのんびり屋さんであるなら，逆に目的に向かって一直線で速く歩くという動きをやってみてください。身体の動きを普段と少し変えてみることで，自分の気持ちがどのように変化するのか，普段の自分と違う自分を発見してみてください。身体表現や演劇的な活動を通して，みなさん自身がイメージしたことや，感じたこと，考えたことを自分なりに表現することができましたか？　そこに正しいや間違いはありません。何度もいろいろと試してみてください。

＊1　インプロとは，即興を意味するインプロビゼーション（improvisation）の略で，「インプロ」と表記するときは「即興演劇」のことを指す。近代演劇では台本が決まっていて役者は台本を覚えて芝居をするが，インプロでは台本も配役も決まっていなく，役者同士が互いに影響し合いながら即興で物語を紡いでいく。ジョンストンはゲーム形式で誰でも楽しく簡単に「インプロ」ができるようにした。

3 自分たちの物語を即興で自分たちでつくる(What comes next)

　この節では，子どもたちと一緒にできるストーリーをつくる方法を学びます。ジョンストンのインプロのゲームに，"What comes next"（次なにするの？）というものがあります。これは即興で物語をつくっていくことが誰にでも楽しく簡単にできるゲームです。大人同士で遊べるもの，子どもと保育者とで物語をつくれるもの，最後に保育者とクラスの子どもたち全員で遊べるやり方をご紹介します。以下の三つの遊びは，実際に保育現場で行った活動例ですが，まずはみなさんもやってみましょう。

■1■ 即興で物語をつくってみよう！

　①まずは大人同士でやってみよう

　二人組になって，どちらかがAさん，どちらかがBさんです。

　Aさんは「次なにするの？／次どうなるの？」と質問だけをします。Bさんはそれに答えます。実際に身体も動かしながら森を進んでいきます。Aさんは質問をする係，Bさんはそのときに思いついたことを即興で言います。たとえば，以下のようにです。

　Aさん「次なにするの？」

　Bさん「森に行きましょう！」（二人は歩きます）

　Aさん「次どうなるの？」

　Bさん「キノコがあります」（二人はキノコを発見します）

　Aさん「次なにするの？」

　Bさん「キノコを採って食べましょう！」（二人はキノコを食べます）

　Aさん「次どうなるの？」

　Bさん「毒キノコでした一！」（二人は苦しみだします）

　Aさん「次どうなるの？」

Bさん「薬草を見つけました！」(つづく)

　思いついたことをどんどん言って大丈夫です。まずは保育者自身が，物語を
つくって遊ぶことを楽しんでください。物語の主人公は危険な目にあう（即興
演劇の言葉では「リスクをとる」と言います）ほうがおもしろいと物語論では言わ
れています。森のなかを歩いていて怪物が出てきたら逃げるのではなく，どう
ぞ果敢に戦ってみてください！

　②子どもと保育者とで物語をつくろう

　次は，一人が子ども役，一人が保育者役になってやってみましょう。

保育者「昔々あるところに，まあちゃんという一人の女の子がいました。ま
　　　あちゃんが一人で森を散歩していると，まあちゃんの目の前に，誰が
　　　来たと思う？」

子ども「うさぎ！」

保育者「そう！　うさぎ。かわいいうさぎが来て，まあちゃんのことをじっ
　　　と見ています。うさぎは何て言ったと思う？」

子ども「遊ぼう！」

保育者「そう！　遊ぼうってうさぎは言いました。まあちゃんとうさぎは何
　　　をして遊んだと思う？」

子ども「なわとび」

保育者「そう！　まあちゃんとうさぎは一緒になわとびをして遊びました！
　　　二人とも跳ぶのが大好きなので，10回も20回も100回もなわとびをし
　　　ました。すると，うさぎはなんて言ったと思う？」

子ども「もう帰る」

保育者「そう！　うさぎさんは，お家に帰っていきました。まあちゃんがま
　　　た森のなかを歩いていると，（保育者はゆっくり，少し声をひそめて），向
　　　こうのほうから何かがやってきました。誰だと思う？」

子ども「オオカミ！」

保育者「そう！　オオカミです。オオカミはまあちゃんのことをギロリと
　　　らみました。まあちゃんはどうしたと思う？」

子ども「逃げた！」

保育者「そう！　まあちゃんは，急いで走って逃げました。ところがっ！」

子ども「オオカミが来た！」

保育者「まあ大変！」（つづく）

　ここでは，保育者が子どもに "What comes next"（次なにするの？／次どうなるの？）と聞くだけで，物語の大事なところはすべて子どもが決めています。基本的には①と同じことだというのがわかりますか？　子どものアイディアをできるだけみんな受け入れてください。この遊びには少しだけコツがあります。物語の主人公は危険な目にあうと楽しくなるという話は前にしました。もう一つ，物語は，安定した世界観が続いたあとには，変化が起きるのがおもしろいとされています。ですから「ところがある日」とか「突然そこにあらわれたのは」とか，「不思議なことに」など，何か変化が起きることを予感させるような言葉を保育者が語ると，子どもは喜んで物語の続きをつくるでしょう。

　③クラスみんなで物語をつくろう！

　"What comes next"（次なにするの？）の最後は，クラス全員で遊べる劇のつくり方を紹介します。一人が保育者役，残りのみなさんは全員子ども役です。最初は素話をするときのように床に座って始めますが，すぐに立ち上がって，動きながらの即興の劇遊びに発展していきます。そのことを見越して，保育者は子どもたちが思いっきり動ける環境を用意しておきます。

保育者「昔々あるところに，大きな木が一本立っていました。（保育者はゆっくり立ち上がって大きな木になる）。この木になっている果物は何でしょう？」

子どもたち「ぶどう」「みかん」「メロン」「さくらんぼ」

保育者「（子どもたちが言っている果物をできるだけ覚えて）そうです。この木はたいそう不思議な木で，ぶどうと，みかんと，メロンと，さくらんぼがなっています！」

保育者「朝になりました。果物を食べに，一番最初に，誰が来たと思う？」

子どもたち「サル！」「リス！」

保育者「そうです。サルとリスが，今日も仲良く朝ごはんを食べにこの木の
　　　ところにやってきました。おサルさんや，リスさんになりたい人い
　　　る？」

　　　（子どもたちの何人かがサルやリスになって，果物を食べる真似をする）

保育者「(木になって) どうだい，私のみかんやさくらんぼはおいしいか
　　　い？」

子どもたち「おいしいー！」

保育者「それはよかった！　こうやってこの不思議な木と動物たちは，仲良
　　　く暮らしていました。ところがある日，この不思議な木に……，誰が
　　　やってきたと思う？」

子どもたち「おじいさんっ！」

保育者「そうです。悪いおじいさんがやってきて，どうしたと思う⁉」

子どもたち「くだものを全部とっちゃった！」

保育者！「そうですっ！」（つづく）

　こども園の4歳児のクラスでこの劇をみんなで遊んだときには，見ていた主
任保育者が，即興で悪いおじいさん役で入ってきてくれました。すぐに身体が
接触する戦いにならないように，子どもたちが作戦を立てられるように，保育
者は What comes next（次どうなるの？）を使っていきました。

　もしも物語がおもしろくなくなってきたら「もう一回！」と初めからやり直
しましょう。みんなでどんなに頑張ってもおもしろくないお話はそれ以上はお
もしろくはなりません。子どもたちのごっこ遊びが，ちょっと目を離したすき
に終わっていたり，演じている役がいつの間にか変わっていたりするのと同じ
ように，つまらない話はやめちゃっていいのです。即興の劇遊びは，楽しみな
がら試しながら，何回でも繰り返しやってみてください。

2　Give your partner a good time（相手によい時間を与える）

　即興で物語をつくることは，子ども時代にはごっこ遊びなどで誰もがやって

きたことです。実際に園の子どもたちとこの遊びをやると，子どもたちのアイディアはとどまるところをしりません。しかし大人になると社会性を身につけると同時に「こんなこと言ったらまずいかな」と，自分で自分に検閲をかけて自由に表現することが難しくなっていくようです。

　即興で物語をつくるなんて難しいと思いますか？　大丈夫，ひとりではありません。子どもたちがいます。まず，子どもの話をよく聞きましょう。子どもの姿をよく見ましょう。ジョンストンはインプロで大事なことは「相手によい時間を与える」ことだと言っています。自分がどう見えるかなどを考える前に，相手にとってうれしい表現を互いに出し合うことが大切です。少しの勇気をもってあなたのアイディアを口にして，みなさんの物語を共に紡いでいってみてください。

　どのような表現をしても，相手に受け止めてもらえるといううれしさは格別です。そこからまた次の新しいアイディアが生まれ，もっと表現したいという意欲にもつながっていきます。このワークをみなさん自身が体験して学ぶことで，実際の保育でも，子どもの表現したことに対する受け止め方が変わっていくことを願っています。

4　普段の遊びで楽しんできたことが発表会の劇になる

　発表会で劇に取り組む園はたくさんあります。劇のつくり方もさまざまありますが，子どもの普段の遊びのなかで楽しんできたことを劇の発表会へと発展させることができます。クラスの子ども一人一人の「ストーリー」がそのまま舞台に乗るという発表会を，保育者も楽しんでほしいと思います。

1　発表会の劇づくり——5歳児

　大きな劇場型のステージでの発表会から，一クラスずつのいつもの保育室や遊戯室で行うことができる劇の発表会へと変える幼稚園や保育所が増えてきています。保育者が台本や振り付けを用意し子どもたちに教え，子どもは練習を

繰り返して頑張る発表会から，子どもが主体的で探求的な遊びとしての発表会へと変わってきています。

　ある幼稚園では毎年，園内の遊戯室において，一クラスずつの劇の発表会を行っています。ある年の5歳児クラスの発表会では，一クラス21人が3班にわかれて，三つの劇の発表会が行われました。担任の保育者は普段の子どもの遊びを大事にして三つの劇づくりを支えました。

エピソード3　「私の好きな遊び」から始まる劇づくり

　ミホ先生は，ひかりちゃんとまなちゃんが自分たちでつくって遊ぶ段ボールの「ドールハウス」が大好きだということを知っていました。ハウスのなかのテーブルやテーブルの上の食べ物など細かいところまでもつくりこみ，割り箸の先に人形を貼り付けて動かして，そこでだったらのびのび表現できるその姿を発表会につなげたいとミホ先生は考えました。そしてもう1組「せっけんクリームづくり」から始まってさまざまな素材を使って「ケーキ屋さんごっこ」へと発展させて遊んでいた三人の女の子たちがいました。この二つの遊びを，本人たちの希望とクラスみんなの話し合いを経て，合体させて一つの劇をつくることにしました。

　ケーキ屋さんの三人は遊びのなかで，発表会で見せるケーキづくりの過

写真3-1　段ボールのドールハウス
写真提供：みどり幼稚園（東京都，江東区）。

程やケーキの完成ポーズを「ここで跳ぼうよ！」などと言いながら自分た
ちでつくっていきました。ミホ先生は子どもたちが普段の遊びのなかで
「ああ楽しい！」となっているところを劇のなかに入れられたらいいなと
思っていました。

　ところで，ひかりちゃんとまなちゃんのドールハウスは小さな段ボール
1個分のサイズのため，たとえ一クラスだけの小さな発表会であっても見
に来てくれた保護者全員にはよく見えないし，二人のごっこ遊びのセリフ
がよく聞こえません。そこでミホ先生と園長とで考えて，ドールハウスの
ごっこ遊びを，ライブ映像でスクリーンに映し出して二人のセリフもマイ
クで拾って保護者に披露することにしました。この仕組みに子どもたちも
喜んで，発表会当日，二人は，今までやったことがないお風呂に入るシー
ンも即興で演じていました。

　ミホ先生は，紙の人形が人間に変身して大きくなって，ケーキ屋さんに
買い物に行くという設定はどうかと子どもたちに提案しましたが，ひかり
ちゃんがかたくなに「それはいや」「私は人形を動かす人」と言って譲り
ませんでした。ミホ先生はひかりちゃん本人にステージに出てほしいなと
思ったけれど，それがひかりちゃんの表現なんだなと思い直しました。ド
ールハウスのごっこ遊びのなかで「ケーキ屋さんに行く」と言うまなちゃ
んに，ひかりちゃんは「私はお留守番をしているね，いってらっしゃー
い！」と送り出していました。

　幼稚園教育要領等には，保育内容「表現」の項だけではなく，「人間関係」
の項にも，幼児の遊びについて大切なことが書かれています。たとえば，保育
内容「人間関係」の内容の(8)には，「友達と楽しく活動する中で，共通の目的
を見いだし，工夫したり，協力したりなどする」とあります。

　ミホ先生は，各班の進捗状況が子どもたちにもわかるように，保育室の壁に
「すてきになるためのかいだん」をつくって掲示しました。一段目には「おは
なしがさいごまでできた」と書いてあり，二段目には「おにんぎょうがおおき
くなるのがおもしろかった。おうちができた。ケーキがおいしそうだった」な
ど，その日に子どもたちが遊んでつくったセリフや決めポーズ，言う順番や小

道具のことなどが書かれています。ミホ先生にとっても子どもたちにとっても劇遊びという活動が楽しく行われていくなかで,「劇をつくって発表する」という共通の目的に向かって,工夫したり,協力したりする姿が見られました。

そして保育内容「人間関係」の「内容の取扱い」の(3)にあるように,「他の幼児と試行錯誤しながら活動を展開する楽しさや共通の目的が実現する喜びを味わうこと」は,身体的な感性を育てることにもつながっています。それが実現するためには,子どもたち一人一人をよく見て理解し,一人一人の表現を楽しみながら受け止めていける保育者の存在が不可欠です。

2 年長児に憧れる年少児——発表会が終わって

この園では,発表会が終わった後,5歳児が劇のためにつくった小道具や大道具で,年少の子どもたちが遊ぶことができます。年長児がやったことへの憧れを抱いている年下の子どもたちは,たとえば,宇宙船のセットのなかに座って,発射スイッチのボタンを押したり,台所のボウルでできた宇宙飛行士のヘルメットをかぶせてもらってご満悦です。年長児と同じように踊ったり,同じようにセリフを言ってみたりして,年少児も自分たちも誰かに見てもらえる劇をつくって発表したいと思うようになっていきます。

3 保育者の思いと子どものこだわり

保育者は発表会が迫ってくると,子ども一人一人の表現したいという意欲を大切にしながらも,発表会に向かって「劇を形にしなくちゃ」とつい焦ってしまうこともあるでしょう。しかし形にこだわりすぎると「やらせる」「おぼえさせる」活動が多くなってしまいます。バランスよく保育者の思いと子どものこだわりとの折り合いをつけていきたいものです。あくまでも,劇の発表会は子ども主体の遊びの延長であるということを忘れないでください。

まとめ ....

　本章では，まず初めに保育者自身が「表現者」として存在できるよう，即興的で協同的な身体表現の遊びを通して自らの感性を育むことを学びました。また，乳幼児期の保育を担う専門家として，物語づくりやキャラクターづくりの方法を海外の身体表現から学んできました。

　子どもの豊かな感性や表現する力は，毎日の遊びを通して育まれていきます。そのために保育者には，子どもが思いっきり遊びこめる環境を用意し，子どもの主体的で即興的な遊びを「やりたい」という意欲を大切にしながら保障していくことが求められます。子どもの豊かな感性は毎日の楽しい遊びのなかのさまざまな試行錯誤を通して育まれていきます。

....

 さらに学びたい人のために

○キース・ジョンストン，三輪えり花（訳）『インプロ——自由自在な行動表現』
　而立書房，2012年。

　　インプロの父と呼ばれるキース・ジョンストン自身のことから，なぜインプロが生まれたのかなどのインプロの歴史や理論的なことを学べます。

○高尾隆・中原淳『インプロする組織——予定調和を超え，日常をゆさぶる』三
　省堂，2012年。

　　大人の学びの場におけるジョンストンのインプロゲームの実際が描かれています。この本を使って仲間と一緒にたくさん身体を動かしながら遊んでほしいのと同時に，大人の学びや，イノベーションなどについても学んでください。

○ Johnstone, K. (1999). *Impro for Storytellers*. Routledge.

　　ジョンストンのインプロのゲームや理論が，実践例とともに書かれています。残念ながらまだ翻訳書が出ていませんが，ジョンストンの教育論についても学ぶことができるので，ゼミなどで挑戦してみてはいかがでしょうか？

第4章

造形的な感性を育む表現

- 幼児期の造形表現活動は，技術の習得が目的ではなく，豊かな感性を育むためのものとして捉える。
- 子どもの表現は未知のものであり，保育者がゴールを決めるものではないことを理解する。
- こうあるべきという常識から自分を解放し，本来の子どもの表現を見つめることを学ぶ。
- 子どもが主体的，発展的，創造的に表現できるための保育者の関わりや具体的なモノについて考える。

WORK　カタチに残らない表現「絵の具の動き」

1．2～4人の小グループで，動画「絵の具の動き」を製作（60分以上）

　　まず，さまざまな形状の小さな透明な容器を用意しましょう。そして，容器に入れた水のなかに，スポイトやスプーンなどの道具を用いて絵の具を垂らしていきます。絵の具は，透明なもの（インクや食紅でつくった色水など），不透明なもの（ポスターカラーやアクリル絵の具）など数種を用意してください。さらに，せんたく糊やサラダ油，牛乳，食器用洗剤，炭酸水なども加え，水と油の反発なども利用し，さまざまな絵の具の動きを生み出すことを試みてみましょう。それを，スマートフォンなどで撮影し，最終的に3分程度に編集して残してください。

※撮影にあたっては，背景に白や黒の紙や布を敷く，また自然光やライティングの効果なども考慮するとよいでしょう。時間があれば映像にBGMをつけてもおもしろいです。

2．全グループの動画「絵の具の動き」を鑑賞し合う（グループの数×3分）

　　視聴覚機器が揃っていれば，プロジェクターで大きく投影しましょう。

3．製作体験をグループで振り返る（20分）

　　次の二つの問いをきっかけに話し合ってみましょう。

　・製作中，自分のなかでどんなことが起きていましたか？

　・この製作体験を子どもたちの関わりに活かすとしたら，どのようなことがあげられますか？

● 導　入 ● ● ● ● ● ● ●

　本章では，子どもたちがさまざまなモノを介して，描いたり，つくったりする造形的な表現について学んでいきます。教えるのではなく，描かせ，つくらせるのではない，自発的な子どもたち本来の表現とはどのようなものかを，実際の子どもたちのエピソードを通して考えます。特に造形は，保育者が子どもたちの表現を技能面で評価してしまいやすく，子どもの思いよりも，作品の出来といった成果主義に陥ってしまいやすい活動であると言えます。単なるつくり方や素材の扱いのノウハウではなく，造形的な表現が子どもの育ちにとって，どのような意味があるのかを深く考えながら，モノや保育者の関わりについて学びます。

● ● ● ● ● ● ● ● ●

1 子ども本来の自由な造形表現とは

1 遊びと造形表現を分けない

　子どもが筆洗いの水のなかの色の変化に興味をもち，もっといろいろな色を試したくなって，描くためではなく，水の色を変化させるために絵の具を筆洗いのなかに入れ，さらに，たまたま指についた絵の具に気づき，手や腕にまで絵の具を塗り出したとしたら，みなさんはどのように対応するでしょうか。

写真4-1　手に絵の具を塗る3歳児
写真提供：社会福祉法人みわの会シンフォニア保育園（東京都，江東区）。

　このような場面で，保育者から子どもに「それじゃ，ただのお遊びでしょ」「今は何をする時間？」「それは違うよね」といった声がかけられることは少なくありません。反面，「色水づくり」や「ボディペインティング」，野外で大きな紙におもいっきり「絵の具遊び」をするという設定の場では，それらの行為は歓迎され，保育者が率先して色水をつくり，身体に絵の具を塗って見せたりします。このような状況は，子どもが絵の具に触発されてはじめる行為を，保育者が造形表現と遊びとに分けて考えていることを物語っています。幼稚園教育要領等の「総則」には，保育内容の全体に対する基本として「遊びを通して」とあり，その下に造形的，音楽的，身体的表現を包括的に領域「表現」として記されています。それは，造形表現と遊びを分けないことを示しています。

　子どもの表現を考えるうえでもっとも大切なのは，表現の源であるその子の感動です。モノに対して動かされているその子の心情であり，それを外にどう押し出していくかが表現です。表現を，遊びか造形であるかとカテゴライズすることに何の意味もありません。どう表現するかの自由が保障されてこそ，子どもたちは自分の身体や感覚に対して，敏感に繊細に意識を向けて，心動かされたものを表現することができるのです。

2　未知のものを生み出す

　造形表現とは，既存のイメージがもとになるだけでなく，実際にモノに触れ，モノを変容させていく行為のなかで自分のなかから湧き出てくる，もっとこうしよう，ああしたらどうなるだろうという思いが原動力になって，描いたり，つくったりするものです。それは未だカタチになっていない，直感，衝動，閃きから生まれてくるものであり，描いたり，つくったりしなければ，自分でも知ることができないものです。自分が感じている未知の何かを，造形に置き換えて視覚化することとは，自分を深く知る行為だとも言えます。

　けれども保育者が，子どもの造形に「上手」「きれい」「明るい」「かわいらしい」表現がよいといった一方的な価値観をもち込んでしまうと，自分が本当に感じていることに意識を向けることが難しくなります。一見，ぐちゃぐちゃ

写真4-2　4歳児の作品の展示風景

注：子どもたちがサツマイモ掘りで採った芋の蔓と散歩で拾った自然物と，
　　流木を組み合わせてつくった立体作品。「Kクレイ」という軽量紙粘土
　　を併用することで，幼児でも容易にさまざまなモノを接着することが
　　できる。
写真提供：社会福祉法人みわの会シンフォニア保育園（東京都，江東区）。

で訳がわからないと思われるものに自分なりの価値を見出し，表現に没頭する
子どもの内で育まれている豊かな感性や創造力に，保育者は思いを至らせられ
なければなりません。

3　一人一人がまったく違う内面世界をもつ存在である

　クラスのほとんどの子どもたちが，同じモチーフ（対象物），たとえば自分の
顔やザリガニやさつまいもを同じような色使いで，同じように画用紙いっぱい
に描いていたとしたら，保育者は立ち止まって考える必要があります。ザリガ
ニをクラスで飼っていて，たとえさつまいも掘りが全員にとって楽しい体験で
あっても，それを描きたいと思う子もいれば，今は別のことに興味がある子も
います。絵を描くより，画用紙を切ったり貼ったりして何かをつくりたいと思
う子もいるかもしれません。いざ，絵の具を使い始めたら，描くことより色を
実験的につくることがおもしろくなったり，ただただ，画用紙を塗りつぶした
くなるかもしれません。どのような表現が導き出されるかは未知数です。それ
ほどに，本来子ども一人一人はまったく違った内面世界をもつ存在なのです。

4　子どもの描画の発達をどう捉えるのか

　幼児期の発達過程における描画の特徴として，万国共通に子どもたちが同じような表現傾向を経ていくことはよく知られています。本書第2章でも見たように，スクリブル（俗にいう"なぐり描き"）の時期から丸が描けるようになり，そこから手足が出て頭足人になり……というものです。そうした描画の特徴から，子どもが自らの心身を発達させていく過程を理解しようとするとても重要な研究がありますが[*1]，この描画の発達過程を基準にして，「あの子はまだ丸が描けない」とか「ぐちゃぐちゃ描きしかできない」と発達の遅れと捉えて心配し，保育者がたとえば，人の形が描けるように指導してしまうことが少なからずあります。

　確かに，自分のイメージをわかりやすい形に表し，人に伝えることができることは成長であり，子どもにとってうれしく，楽しいことです。けれども造形表現とは，そうした他を意識した伝達のための表現だけでなく，自分との対話のための表現であっていいのです。保育者は，子どもが形を描けるようになることに一喜一憂する必要も，描き方を教える必要もありません。形が描けてもいいし，描けなくてもいいのです。そして，ほんの数年の差で，保育者が子どもに求めるような形は誰もが描けるようになります。

2　保育現場における造形表現活動の実際

1　乳児の造形的な表現

　保育者が安全を見守りつつ，モノの扱い方の指導を行わなかったとき，既成概念がほとんどない乳児は，どのようにモノに反応し，どのような遊び，表現を導き出すのでしょうか。1〜2歳児の事例を見てみましょう。

＊1　ガードナー，H，星三和子（訳）『子どもの描画──なぐり描きから芸術まで』誠信書房，1996年，pp. 22-93。

エピソード 1　さまざまな画材と画用紙を置く（1〜2歳児）

水で溶いたあか，あお，き，しろ，くろの 5 色のポスターカラーとボールペンや水性ペン，八ツ切の画用紙を置いたときの様子である。それぞれに画材，色を選び，線描を始める。椅子に座って描く子もいれば，立って描く子もいる。両手に筆を持って描く子もいれば，片手に筆，片手に水性ペンを持っている子もいる。ボールペンをノックしてペン先を出し入れし，そ

写真 4 - 3　1〜2歳児の絵の具を使った活動の様子

注：画用紙の上にペンや色鉛筆を並べ，その隙間を筆で塗っている。
写真提供：社会福祉法人みわの会シンフォニア保育園（東京都，江東区）。

のペンを自分の服のポケットに差す子もいる。多くの子が混色する。その方法は絵の具の入った容器から容器へと絵の具を注いで混ぜる，筆に絵の具をつけて少しずつ混ぜる，画用紙上で混ぜるというようにそれぞれ。紙の上に溜まる絵の具の表情に注目する子がいる。マーブル模様を成し，刻々と変化する絵の具の動き，さらには溜まった絵の具に容器が浮き，滑ることを発見する。その様子を隣でじっと見ていた子が，絵の具の溜まりに手を浸し始める。ボールペンの先で，絵の具の水分で柔らかくなった紙が破けることに気づき，紙に穴を開けるという行為に没頭する子もいる。もっとも長い子の活動は 2 時間にわたった。

　このエピソードからは，子どもたちが描くことだけにとどまらずに表現をしていることがわかります。モノの扱い方をさまざまに試し，それによってさまざまな色彩に出合い，モノ同士が反応し，さまざまに表情を変えていく様に心を動かされ，さらに，こうしたらどうなるんだろうと好奇心を掻き立てられ，行動していることがわかります。もう一方で，教えられなくても，これまで大人が道具を使うところをよく見ていることにも気づかされます。ボールペンをノックし，ポケットに入れるのは保育者の行動を真似ているのでしょう。

　教えられるのでなく，こうして自ら，おもしろいことや美しいものを発見し

ていく体験は，表現の主体は自分なのだということを，その身に刻むことだと言えるでしょう。しかしながら，容器に入った絵の具を流して絵の具同士を混ぜ合わせること，筆を何本も持つこと，紙に穴を空けること……そうした当たり前の行為を止められてしまうことが，残念ながら多くの保育の場で見られます。

2　技法の提案とモノから喚起される表現

　造形表現にはさまざまな技法があります。それらに触れ，新しい表現に出合うのは楽しいことかもしれません。けれども，子どもたちの表現活動の目的は技法の習得にあるのではなく，その技法を選ぶかどうかもまた，その子自身の表現です。そして何より，子どもたちは既存の技法を超えた新しい表現方法を，自ら生み出していくことができるのです。

エピソード2　長い紙に表現する（5歳児）

　保育者から，粘着ローラーにいろいろなモノを貼り付けて凸版をつくり，絵の具をつけ，長い紙にローラーを転がすことで版が繰り返し刷られるという版画の技法が提案された。
　子どもたちそれぞれに表現し始める。提案された版画技法だけで終わる子はいない。版はつくらずにローラーに絵の具をつけて描く。ローラーに

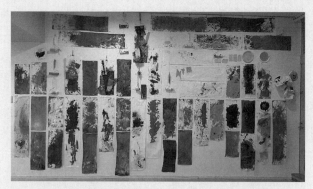

写真4-4　園内に展示された子どもたちの作品
写真提供：社会福祉法人みわの会シンフォニア保育園（東京都，江東区）。

　　貼るために用意されたモノを画面に貼り付ける。絵の具のパレット代わり
　　にしていた紙皿が作品になる。さまざまなモノと絵の具を付けたローラー
　　自体が作品になる。筆で即興的に線を描き，大部分が余白という作品や，
　　乾燥に 3 日はかかるほど絵の具が厚く盛られた作品もできる。クシャクシ
　　ャと丸めた状態で展示してほしいというリクエストも出る。2 m 近い作品
　　もあれば，手でギザギザに破いた30 cm ほどの作品もある。いつの間にか
　　共同になる作品もあれば，一人で数点の連作もある。
　　　展示された作品を見た子どもたちからは，「熱い太陽が落っこちてきた」
　　「海」「波」「この色が好き」「ブラックホール」「ドラゴンがいる」……と
　　さまざまな言葉が出てきていた。

　このエピソードでは，保育者からの技法の提案はあくまで提案として，子ど
もたちはモノから自由に発想して表現しています。何かの形を描くというより，
さまざまなモノの感触やローラーを転がすといった行為自体を楽しみ，色彩や
質感，タッチ（筆致），ローラーや紙皿そのものの形態といった造形的なおも
しろさを実験的に追求しています。そして，この何だかわからない表現のなか
に，美しさ，軽やかさ，複雑さ，深さを感じ取り，そこにいきいきとした世界
を見ています。

3　想定を超える子どもの表現と保育者の葛藤

　子どもたちの造形的な表現は絵画や工作にとどまりません。素材もまた，保
育者が造形のために用意したものにとどまることはありません。室内にあるま
まごとの道具，積み木などのおもちゃ，机，椅子，ジョイントマットが素材に
なることもあります。ときに，室内空間全体を変容させようとする行為が，子
どもたちから自発的に起きることがあります。現代アートに多用されるインス
タレーション（空間芸術）と呼ばれる手法に通じるような表現です。たとえば，
棚から机，椅子に粘着テープを渡したり，段ボールを立て，布を掛け，新しい
空間がつくられます。一人の子が始めた行為が，いつの間にか複数の子が加わ

り共同になり，その空間からイメージを得て，新たな遊びが生まれることもあります。

エピソード3　8個のイスが作品になる（5歳児）

午前中，Yが始めた行為に二人の男の子が加わり，黙々と椅子に粘着テープを巻きつけ始めた。最初2個だった椅子は最終的に8個にまで増え，段ボールやいろいろなおもちゃも加わり，大きな造形物が完成する。その行為を見守っていたA保育者とB保育者は，椅子が増えていくたびに，昼食時に使う椅子が足りるか相談し合って

写真4-5　Yの作品

注：その状態のまま，昼食後の昼寝のためのコットが用意されている。
写真提供：社会福祉法人みわの会シンフォニア保育園（東京都，江東区）。

いた。「4つは余分にあるので大丈夫」「休みの子がいるから大丈夫」「他のクラスに借りれば，きっと大丈夫」と。結局，彼らの表現を保育者は遮らなかった。昼食になって子どもたちは自分の椅子を運び始めるが，みんな「Yくんの作品になっているから」と言い，「作品」から椅子を取ることはなかった。

その日の午後，彼らの「作品」は他の子どもたちから「基地」と呼ばれ，ごっこ遊びに使われることになる。そして，数日後，Yの了解のもと，「作品」は解体された。

このエピソードは，保育者がモノの使い方を制限してしまえば生まれてくることはありませんでした。このエピソードで興味深いのはYくんの表現を，保育者だけでなく，他の子どもたちも否定的に捉えていないということです。保育者が否定しなければ，子ども同士もまた否定し合うことなく，保育者がYくんの唯一無二の表現を尊重しようとする心もちが，子どもたちに伝わっていきます。否定されないのだという安心感はYくんだけのものでなく，保育者とYくんのやり取りを見ている他の子たちのものでもあります。自分もまた否定さ

れることはないのだという安心感があって，他の子の表現のよさに目を向けることができるのです。そうした安心感なくして，子ども本来の表現が導き出されることはありません。

　では，一切，否定してはいけないのか，そうした疑問がわいてくると思います。椅子が10個だったら，20個だったらどうだったのか……。昼食に支障が出ても止めてはいけないのか……。そんな自分勝手を許しては集団生活の秩序が保てないのではないか……。モノの正しい使い方を教えるべきなのではないか……。みなさんはどう考えますか。

　このエピソードに出てきた保育者もまた，悩みながら子どもたちと関わっています。A保育者の言葉を紹介します。

　　あんなにうれしそうに，あんなに真剣に，あんなに考えてつくっている姿を見ると，その子の世界を侵す権利は，私たちにはないんじゃないかと思えてくるんです。

　使い方が違うから，他の子が使えなくなるから，もったいないから，モノは大切に使うものだから……。保育者側に，その行為を止める正当だと思われる理由はいくらでもあるだろうと思います。けれども「その子の世界を侵す権利は私たちにはないのではないか」，A保育者は，大人として担任保育者としてではなく，同じ人として「その子の世界」を見ようとしています。そうした，子どもを尊厳ある存在として捉える保育者の視点が，一人一人の思い，表現が大切にされる保育環境をつくっていくと言えます。

　そして，自分の思い，こだわり，信念が，他者から尊重されるという幼児期の体験は，わがままで自分勝手な人を育てるものではなく，他と違う自分，自分とは違う他を肯定的に受け入れる，柔軟で安定した心を育てることにつながっていきます。

４　協働することで生まれる表現

　協働して表現することとは，特別に大きな紙にみんなで絵を描いたり，行事

69

で使うものをみんなでつくることだけを言うのではなく，一見，個別の表現に思われるなかにもあるものです。

> **エピソード4　廃材で抽象立体をつくる（4歳児）**
>
> 　製作が始まって2時間近くが経ち，Kが一人，無言で製作に没頭していた。そこにTが「できた？　いいのが」と声をかけてきた。作品を見て「なんじゃこりゃ！」と叫び，じっと製作の様子を見ていた。土台になる3重構造の頑丈な段ボールは，絵の具とボンドを吸い過ぎてグズグズになり底が抜けそうにもかかわらず，Kはそこにさらに水をかけようとしていた。Tが空の容器を持ってきて「これに（水を）入れればいいんじゃない」とアドバイスする。Kはその容器に水を入れることに集中し始める。そこにHが様子を見に来て，「色を入れたら」と言って赤い筆をその容器に入れてしまう。Kは赤くなった水が気に入り，別の容器に赤い水を溜めることに没頭する。それを見たSが「かわいい」と呟く。Sは，Kがあふれさせた色水を雑巾で拭いては，雑巾が含んだ色水を容器に戻してあげている。Kが容器から容器に色水を移し替えながら，盛大に色水をこぼすため，いくら拭いてもキリがないが，Sは気にもとめず，怒ることもなく拭いている。そうしている間にすぐ隣では，担任保育者と他の子どもたちがいつの間にか誕生日会を始めていた。
>
>
>
> **写真4-6　Kと他の子たちの様子**
> 注：KくんにアドバイスするTくんと，Kくんの絵の具を雑巾で含み容器に戻すSちゃん。
> 写真提供：社会福祉法人みわの会シンフォニア保育園（東京都，江東区）。

　これら子どもたちの姿からは，いくつかのことに気づかされます。Kくんにとって，つくることと色水を移し替える行為は，どちらも同じように没頭できるものであり，他の子どもたちもまた，Kくんの色水を移し替える行為を，廃

材を使った造形物と同様にKくんの表現として捉え，興味をもち，ときに影響
を与えています。だからか，色水がテーブルや床に流れても，誰も否定的に捉
えていません。こぼれた色水を自発的に拭く子はKくんを責めないし，そうす
ることを誰かに誉められたいわけでもなく，誕生日の子も誕生日会に参加する
子も参加しない子も，互いに何をしているかを知りながら，自分のやりたいこ
とを優先していることをまったく気にせず，尊重さえしています。

　それぞれに多様であってよく，多様である互いは，興味を掻き立てられる存
在であり，だから影響を受け合い，ときには影響を受けず，自分は自分で居な
がら，知らず知らずのうちに補い合っています。それは，してあげる，しても
らうという関係でもなく，集団において自分を犠牲にすることでもなく，他者
との関係のなかで自分が活かされていくものであると言えるでしょう。

　そして，一人一人が多様であり，その思いが違うという理解があると，たと
えば，1枚の紙に共同製作することは難しいことが想像できます。個々に表現
するのか，共同で表現するのかも子どもたちに委ねられるとよいでしょう。

3　子どもの豊かな造形表現を支える保育者として

　ここで改めて，造形的な表現活動において保育者は子どもたちとどのように
関わっていったらよいのかを考えていきます。

1　苦手意識をもたせない保育者の関わり

　絵を描くことに強い苦手意識をもつ人は，年齢を問わず少なくありません。
絵を描くことに自信をなくし，楽しいと思えなくなってしまう原因のひとつに
他者からの評価があります。評価は小学生になってからの問題ではなく，幼児
でもあることです。たとえば保育者が，人の顔が描けるようになるとか，丁寧
に色を塗ることができるようになることだけを活動のねらいにすれば，自ずと
できる子とできない子という優劣が生じます。同じ年齢であっても手先の器用
度には大きな個人差があります。しかし，造形表現において器用さは問題では

写真 4-7　運動会の写真を箱にコラージュしてつくられた
**　　　　　　5歳児の作品**

注：運動会を再現するのではなく，運動会を素材に新たな表現世界をつく
　　り出している。
写真提供：社会福祉法人みわの会シンフォニア保育園（東京都，江東区）。

ありません。むしろその差は魅力ある個性になります。何かができるかできな
いかという尺度で子どもの表現を見るのではなく，一人一人のありのままの表
現を見ることが大切です。

　行事の絵や経験画と呼ばれる絵を描かせてしまうことも，苦手意識をもたせ
てしまう要因の一つと言えます。運動会や遠足の状況を描くこと，たくさんの
人や物，建物などを他の人が見てわかりやすい形に置き換え，画面に構成する
ということは大人であっても難しいことです。そうした絵は，形が上手に描け
ているかどうかという優劣で，子どもたちの表現を見てしまいがちな題材と言
えます。また，行事にまつわる工作，雛人形や鯉のぼりなどもその多くは完成
形が決まっていることが多いため，保育者の指示どおり丁寧につくれているか
どうかで子どもの造形が捉えられがちです。そうした行事ごとに描かせる，つ
くらせるといった恒例の造形から脱却し，子どもの自発的な表現に目を向けて
みましょう。

2 　何かであってもよいし，なくてもよい

　子どもの造形に，何であるかわかりやすい形を求めないことを意識してみましょう。子どもたちは，たとえ絵のストーリーを話しながら描いていたとしても，何かの形をイメージして描いているのではなく，絵の具の感触や色そのものの魅力，心地のよい腕のストロークの軌跡が紙に残っていくおもしろさを楽しんでいる場合が少なくありません。それにもかかわらず，子どもの描いた絵に対して大人がかける言葉のなかでとても多いのが，「これはなあに？」という質問です。その問いに子どもたちは，たった今，思いつくままにママやクルマと答えるかもしれません。そして，描くことは，何かでなければならないことを暗に求められていることを感じ取っていくでしょう。それが自由に表現することを阻むことになっているかもしれません[*2]。

　何でもないただの線や色，形そのものの魅力を追求していくことは，答えのないなかで自分の感覚をよりどころに新しい造形を生み出すことであり，とても創造的な行為であると言えます。そうして描かれ，つくられた造形には想像を巡らせられる自由さがあります。保育者が子どもに，何であるかわかるように描くことを求めなければ，子どもたちは描きながら，つくりながら，広大な自然にも，遠い宇宙にも，壮大な物語のなかにも，自由自在に行き来できるのです。

3 　正しい表現はない

　造形表現において，ケガや事故といった危険がない限り，描き方，つくり方，道具の扱い方に正しい，正しくないはありません。たとえば，筆の握り方を例にあげれば，鉛筆を持つように握る，上から摑むように握る，柄の上のほうを持つ，下のほうを持つ，持ち方次第で腕の動き，力の入り方が左右され，出てくるタッチもまた大きく変化します。筆の穂先でないほうで描いたとしても，

＊2　グレツィンゲル，W., 鬼丸吉弘（訳）『なぐり描きの発達過程』黎明書房，1978年，p. 35。

そこから生まれる痕跡があります。力を入れて紙に押し付けるように使うと，確かに穂先は傷みやすいかもしれません。けれども，そこから導かれる子どもの気持ち，そして表現があります。また，たとえば画用紙は，普通に描けば平面表現ですが，丸めたり折ったりすればとたんに立体表現になります。描いているうちにもし穴が開いてしまったとしたら，それは失敗ではなく，穴という三次元の表現が加わったということであり，イメージが飛躍する絶好のチャンスになります。最初に表現のゴールを設けなければ，間違いも失敗もないのです。そして，保育者がゴールを決めるべきではないということです。

4　子ども用でない造形表現の楽しさを共有する

　最後のエピソードでは，卒園して間もないMさんのお母さんの手紙を紹介します。

エピソード5　ある卒園児のお母さんからの手紙

　私が「絵ってやっぱりうまく描けないな」と話したところ，「ママ，絵ってね，こういうふうに描くんだよ」とMがとうとうと話し始めました。すごく大切なことを言ってくれている気がしたので，急いでメモを取ったものを書かせていただきます。

〈Mの言葉〉
　・アイデアがわからないときは，頭をからっぽにする
　・頭に浮かんだものがあるときはそれでいいけど，ないときに頭でこういうものを描こうとすると，それ以上のものは描けない
　・決まった構図の作品だと，それ以上の広がりはないけど，自由な線の絵だと，見た人が自由に何かを想像することができる
　・人の真似は絶対にできない
　・とにかく描いてからアイデアを考える

　難しい言葉もすらすら出てきたことから，日頃，先生方がおっしゃっていたことを口に出しただけかもしれません。でも，話している彼女の目は

> 　真剣で，口調も熱っぽく，自分の考えとして根づいているようでした。こ
> れからも創作の世界では，自由でいてほしいなと心から思いました。

　Mさんは保育者の言葉に影響を受けながらも，これまで造形表現してきた自身の経験のなかでつかみとった実感を言葉にしています。

　子どもたちの表現に向かい合うときに大切なのは，自分の感覚を研ぎ澄まし感じること，そして本当に感じ取ったことを言葉にすることです。子どもにわかりやすい簡単な言葉を当てはめようとすると，自分が感じた繊細で微妙な"何か"を自分の語彙から探り出して，言葉に置き換えていくことの妨げになります。言葉を子ども用にせず，難しいと思われる言葉も使ってみましょう。そこに表現されたものがあるから，難しい言葉も子どもたちのなかにすんなり入っていき，子どもたちはすぐさま，その言葉を自分でも使うようになるでしょう。子どもたちはたくさんの言葉を得ることによって，自分が感じていることをより繊細に言語化していきます。それはより深い思考を促していくことでもあります。

　そして，言葉だけでなく，自分自身が実際に描き，つくったうえで感じたおもしろいと思うモノや技法を子どもたちの前に置いてみましょう。それは答えではなく入口やきっかけになって，子どもたちそれぞれの「私は—」が現れ，保育者の予想をはるかに超えた表現が生まれてくるでしょう。子どもたちと共有すべきは，上手にできるつくり方ではなく，表現のおもしろさ，そして喜びです。

　本章で学んだことを，すぐに自身の保育現場に取り入れることは難しいかもしれません。けれども，理想をもってあきらめずに，そのなかで自分ができることを考え，実践をし続けていってください。

 まとめ ･･
　描き方やつくり方を教えるのではなく，遊びと造形表現を分けることなく，子どもたちの自発的な表現を大切にしていきましょう。行事の後に思い出を描いたり，季節のつくりものをするといったこれまでの造形から脱却し，子ども用ではない発展性のあるモノを置き，量，時間も含めた選択の余地と，危険でない限り，極力制

限しない保育者の関わりが実現できる環境をつくっていきましょう。子どもの造形を何かに見えるかどうかや，上手に，丁寧に，明るく，元気に……といった尺度で評価せずに，自分の想定を超える表現を尊重し，そのよさを感じ取れるように，また，子どもたちと共有したくなる魅力的なモノを見つけ出せるように，自らも描き，つくり，感性を磨いていきましょう。

 ## さらに学びたい人のために

　倉橋惣三は著書のなかで「……低学年教育者として，特にどういう勉強をしたらいいでしょうか……」という悩みにこう答えています。「……私はあなたに，いい詩を読み，いい絵を見ることをおすすめしたい。……何ものからも，あの新鮮な印象を受け取り，何ものに対しても，あの純真な感激と驚異とをもつ芸術家の目と心」を修行し，子どもたちと同じ目で物を見，物に驚くことと説いています（倉橋惣三『倉橋惣三の「保育者論」』フレーベル館，1998年，pp. 173-174）。

　ここでは書籍の代わりに，現代美術作品を所蔵，展示する全国の主要な美術館を紹介します。これ以外にも現代美術を紹介する美術館やギャラリーはたくさんあります。ぜひ，探して訪れてみてください。アートの世界には，子どもたちの自由な表現に通じる多彩な表現，美の広がりがあることを知り，観て，感じて，自身の感性を磨いていってください。

○十和田市現代美術館（青森県）

　　十和田市による「Arts Towada」計画の中核施設。敷地内に建物を分散して配置し，それらをガラスの廊下でつなげるユニークな展示方法をとる。

○東京都現代美術館（東京都）

　　約3,900点の収蔵作品を活かして，現代美術の流れを展望できる常設展示や，大規模な国際展をはじめとする特色ある企画展を開催している。

○金沢21世紀美術館（石川県）

　　伝統工芸で有名な金沢の中心部に，新しい文化の創造を目的につくられた公園のような美術館。同時代のさまざまな美術表現に触れ，体感できる。

○国立国際美術館（大阪府）

　　国内外の現代美術を収蔵・展示し，その動向を幅広く紹介する。竹をイメージした三次元曲線のゲートが，巨大なオブジェのような地下型の美術館。

第 5 章

音楽的な感性を育む表現

- 日常生活に見られる子どもの音楽的表現の育ちを知る。
- 保育の場において育まれる子どもたちの音楽的な感性と表現を考える。
- 子どもの音楽的感性と表現の育ちに寄り添う保育者を意識する。

WORK　耳を澄まし，音環境に意識を向けてみよう！

1．教室で１分間，目を閉じて周りの音に耳を澄ましてみよう
　　・どんな音が聞こえますか？　聞こえたすべての音を書き出してみましょう。
　　・教室以外の場所でもやってみましょう。
　　ウォーミングアップの完了です！

2．キャンパスの音聴き歩き（リスニング・ウォーク）に出かけよう
　　・中庭や校舎を通るコースをいくつか決めて，紙と鉛筆を持ち，キャンパスに出てみましょう。おしゃべりをしないで，前を歩く人の足音が聞こえないくらいの間隔をあけて歩きましょう。画板に画用紙を止めて，コンテパステルやクレパスを持っていくのもよいでしょう。
　　・気に入った場所に足を止めて耳を澄ましてみると，あなたの周りにはどのような音の風景が広がっているでしょうか。
　　・聴こえた音をオノマトペにしたり，色や形で表現してみましょう。

3．音日記※をつけてみよう
　　・一週間のうち，３～６日を選んで音日記をつけてみましょう。
　　・書き出した一日の音から，以下の４つの音をあげてみましょう。
　　　ａ）朝外に出て一番最初に聞いた音
　　　ｂ）ゆうべ寝る前に最後に耳にした音
　　　ｃ）今日聞いたなかで一番美しいと感じた音
　　　ｄ）今日聞いたなかで一番不快だと感じた音

■上記の WORK をクラスメイトの表現と比べてみましょう。
　どんな違いがありましたか？　また，どのようなことに気づきましたか？

　　※「音日記」はカナダの作曲家・音楽教育家マリー・シェーファー（Schafer, R.
　　　M.）が著した，音を聞いたり考えたり，つくったりするための問題集『サウンド・エデュケーション』の課題の一つである。本文の注（＊３）参照。

● 導　入 ● ● ● ● ● ● ● ●

　「音や音楽を豊かに感じる子どもたちの感性を育みましょう！」と言われたら，
みなさんは何を思うでしょうか。たくさんの歌を歌うことが必要でしょうか？　い
ろいろな音楽を聴くこと？　曲に合わせて楽器を演奏すること？　音楽を聴いて踊
ること？　どうすればよいと考えますか。

　子どもの表現の発達的な変化を音楽的視点に立ってたどってみると，子どもたち
が声や言葉，体を使って周囲の人や物に働きかけて活発に表現を試みている姿が見
てとれます。やがてそれらの行為は規則性のあるリズミカルな音楽的表現へと広が
りを見せます。

　ここでは，子どもたちが何に心を動かし，何を表そうとしているのか，またその
過程で音楽的に何が育まれているのかを捉えていきたいと思います。

　　　　　　　　　　　　　　　　　　　　　　　　　● ● ● ● ● ● ● ● ●

1 身近な環境との関わりにおいて育まれる音楽的感性と表現

■1■ 音の風景（サウンドスケープ[*1]）と表現

　WORK にある「キャンパスの音聴き歩き」に出かけてみたでしょうか。写
真 5 - 1 と写真 5 - 2 は，実際に「音聴き歩き」を行った学生たちの様子と作品
です[*2]。みなさんのキャンパスにはどんな音がありましたか。鳥の声，噴水の水
音，自動販売機の機械音，近くの道を走る車の音，廊下を歩く靴音，会話をし
ている学生の声など，普段は意識をせずに聞き流している身近な音環境に，ど
のような気づきがあったでしょうか。

　続いて，「音日記[*3]」をつけてみましたか。あなたの生活はどのような音で彩
られていたでしょう。毎日決まって聞いている音や，その日に限っての特別な

＊1　**サウンドスケープ（音の風景）**：WORK の注に示したマリー・シェーファーによる造語で，視
　　覚的な風景を意味する「ランドスケープ（landscape）」をもとにしている。
＊2　山野てるひ・岡林典子・ガハプカ奈美「音楽と造形の総合的な表現教育の展開──保育内容指
　　導法（表現）の授業における『音を描く』試みから」『京都女子大学発達教育学部紀要』6，
　　2010年，pp. 47-59。

写真 5 - 1　キャンパスの音風景を
　　　　　　描く

出所：山野・岡林・ガハブカ（2010），p. 55。

写真 5 - 2　描画されたキャンパスの音風景

出所：山野・岡林・ガハブカ（2010），p. 56。

表 5 - 1　学生が作成した音日記

6 月19日	6 月23日
・野菜を切る音（シャッ トン） ・お皿を洗う音（キュッ ジョワッ） ・車が走る音（ドゥー ゴー） ・家のドアを閉める音（バン キュッ） ・改札を通る音（ピ） ・歩く音（シュッ シュッ） ・椅子がきしむ音（ココ） ・教科書をめくる音（スー） ・筆箱からペンを取り出す音（カチャ） ・ホワイトボードに字を書く音（トントン） ・画用紙を切る音（ジョキジョキ） ・テレビをつける音（チッ） ・荷物を落とす音（ドン） ・食洗器の音（ゴォー）	・お皿を重ねる音（カチャッ キン） ・洗濯機が回っている音（ドォー） ・メダカにエサをあげる音（パッ） ・子どもが外を走る音（バタバタ） ・干している布団を叩く音（バンバン） ・体温計の音（ピピピッ） ・髪の毛をクシでとかす音（ココ） ・シャーペンで字を書く音（トン シュー） ・プリンターで印刷する音（ゴーゴーゴーシュン） ・時計の秒針の音（タンタン） ・ピアノのふたを開ける音（トン） ・カラスの鳴き声（アーアー） ・チャイムの音（ボーンボーン）
a）料理をする音（ドン ガチャ トントン） b）自分の足音（コツコツ） c）鳥のなく声（ピピッ） d）工事の音（ゴォー ドン ドカン） e）水が流れる音（サー ゴー） f）布団が擦れる音（シュシュ）	a）ラジオの音（ゴー ワー） b）電車の音（ゴォー ビューン） c）お肉を焼く音（ジュワー） d）咳払いの音（オッホーン ゴホッ） e）京都駅の噴水の音（シュワッ サー） f）携帯を布団の上に置く音（サッ）

注：a）朝起きてすぐ耳にした音，b）朝外に出て一番に耳にした音，c）出かけた先で一番気に入
　　った音，d）出かけた先で一番嫌だと感じた音，e）今日一日で一番美しいと感じた音，f）寝
　　る前に最後に耳にした音。
出所：筆者の授業実践をもとに作成。

＊3　吉永はシェーファーの『サウンド・エデュケーション』（春秋社，1992年）の課題に準じて，
　　「音日記」を保育者養成における学生の音への気づきの課題として授業実践を行ってきた。吉
　　永早苗『子どもの音感受の世界——心の耳を育む音感受教育による保育内容「表現」の探究』
　　萌文書林，2016年，pp. 235-253。

表 5 - 2　「音聴き歩き」や「音日記」を体験した学生たちの感想

・表現の仕方にはいろいろあるということを改めて感じることができました。
・同じ音を聴いても，さまざまなオノマトペの表現があり，一人一人の感じ方が違うということに気づき，おもしろいなと思いました。
・他の人の音日記を見て，自然の音に耳を傾ける人もいれば，食べ物の音に意識を向ける人もいて，身の周りにはこんなにも音が溢れているんだということに気づき，音に魅力を感じました。
・普段はイヤホンをして歩くことが多いので，周りの音を聴くことに集中して歩くのは新鮮でした。生活のなかにあるきれいな音や楽しい音を聞き流していることに気づき，イヤホンをするのはもったいないと感じました。
・何気なく過ごしている日々のなかに，美しい音や自分の好みの音，嫌だと感じる音，落ち着く音などがあり，音によって感情が動くことがわかりました。
・授業後も友達と「この音いいなぁ」と言ったりするほど，音に敏感になりました。
・典型的なオノマトペにとらわれず，豊かな感受性をもちたいと思いました。
・子どもの感じ方を狭めてしまわないように気をつけたいと思いました。

出所：筆者作成。

音がありましたか。一日のなかでどんな音を美しいと感じたでしょうか。不快に思った音は，どのような場面で聞こえてきたのでしょう（表5 - 1参照）。また，「音聴き歩き」や「音日記」で書き留めた音や，音の風景を表すオノマトペや絵などをクラスメイトと比べてみると，どんな違いが見つかりましたか。

表5 - 2は「音聴き歩き」や「音日記」を経験した学生たちの感想です。

みなさんにもさまざまな気づきがあったことと思います。私たちは同じ場所で同じ音を聴いていても，感じ方や表現の仕方には違いが見られます。また，私たち日本人には，西洋人とは異なり，風鈴の音に涼しさを感じたり，虫の声に秋の風情を感じるといった音に対する独特の感性もあります。

WORK における表現の多様さは，私たちが音を聴覚のみで捉えているのではなく，五感を通して感じ取っていることを示していると言えるでしょう。

2　環境との関わりにおいて育まれる子どもたちの音楽的感性と表現

WORK の体験から，私たちは五感を統合して音環境を捉えていることを学びました。保育の場では，子どもたちが五感を通して身近な環境にある音や色や匂いなどに気づき，その美しさや不思議さに心を動かしています。また遊び

を通して，できなかったことができるようになった喜びや，新たな気づきを得た楽しさなどを感じています。子どもの感性が育つ基盤には，そうした喜怒哀楽を感じる豊富な感情体験が必要であり，それは表現する力を育むことへとつながります。ここでは，環境と関わって子どもたちが何に心を動かし何を表そうとしているのか，その過程を保育者や友達との関わりをも含めて捉えていきたいと思います。

エピソード１　落ち葉を踏む音に耳を傾ける（３歳児）

晩秋の朝，クラスで散歩に出かけたＳちゃんは，地面に敷き詰められた落ち葉の上を自分の足音に耳を傾けながらゆっくりと歩いています。その姿をじっと見ていたＴくんは，「足を速く動かすと，ザッザッて音が変わるよ」と言って，落ち葉のなかを勢いよく歩き始めます。保育者が「いいことに気がついたねぇ」と言葉をかけると，周りの子どもたちも落ち葉を踏みしめる音に意識を向けて，足の動きを速めて動き出しました。

写真５-３　落ち葉を踏みしめる音を楽しむ３歳児

出所：筆者撮影。

エピソード１に見るＳちゃんは，落ち葉を踏みしめる音と感触を，聴覚と触覚で捉えています。Ｓちゃんに刺激を受けたＴくんの「足を速く動かすと音が変わる」という発見を，保育者が「いいことに気がついた」と認めたことをきっかけにして，周りの子どもたちも落ち葉を踏みしめる音に意識を向けました。ここには保育者や友達など，人との関わりを通して展開する幼児の表現の特徴が見出せます。音への興味・関心が表現へと広がる背景には，子どもの表現の萌芽を見逃さずに適切な言葉をかける保育者や，遊びのおもしろさを共感し合える友達の存在があることがうかがえます。

エピソード2　保育者の歌声が子どもの感性を揺さぶる（3歳児）

　美しく色づいた園庭の木々の下で子どもたちがドングリを拾っています。もみじの木を見上げた保育者は「わぁ～，きれいやなぇ。あか～いのが，もみじのはっぱだよ。すごくきれいねぇ……♪あ～かいあかい，もみじのは～，もみじのはっぱは，きれいだな～（えほん唱歌）」と歌い出します。子どもたちはその歌声をきっかけに，それぞれが保育者の歌った《もみじ》の歌を口ずさみながら，きれいな紅色の落ち葉を探し始めます。

　Kちゃんは「♪あ～かいあかい，もみじの……」と歌い，「あった！ほら先生，これもみじ！」とうれしそうに保育者に差し出します。周りには，同じように歌いながら美しい落ち葉やどんぐりを探す子どもたちの姿がありました。

写真5-4　もみじの葉を保育者に差し出す
出所：筆者撮影。

写真5-5　《もみじ》を歌いながら落ち葉を拾う
出所：筆者撮影。

　エピソード2は，木々の紅葉の美しさに感動した保育者が，思わず《もみじ》を口ずさんだ歌声が，子どもたちの感性を揺さぶり，心を動かして表現が生まれた場面であると言えます。感性はこのような直接的な体験を通じて育つものであり，その結果として表現が育まれます。それは歌声だけではなく，言葉や表情や動きなど多様に表されます。保育者に向かってまっすぐに伸びたK

ちゃんの腕は，美しいもみじの葉を見つけた喜びを保育者と共有したいという思いの表れだと読み取ることができます。

　このエピソードからは，人的環境として存在する保育者の豊かな音楽的感性が，子どもの感性や表現の育ちに関与することが理解でき，保育者が自身の音楽的感性を高めることの必要性が示唆されます。

3　身近な環境にある音・形・色を感じる遊びや活動

①『音さがしの本[*4]』を参考にして

　サウンドスケープを提唱した作曲家・音楽教育家であるシェーファーは，『音さがしの本』において，音に対する感性を磨くことのできる100の課題を提案しました。子どもたちと楽しめそうな，いくつかの課題を見てみましょう。

> ■「人がたてる音」に意識を向ける課題
> ・音をぜんぜんたてずに立ち上がれるかな？　同じやり方で座ってみよう。
> ・紙を一枚持ってきて，その紙を音をたてずにみんなで回してみよう。

　これらの課題は，子どもたちが体験を通して「人がたてる音」を意識することのできるエクササイズです。みなさんも課題にトライしてみましょう。私たちの周りには「自然の音」「機械の音」「人がたてる音」などがあります。表5－1の音日記にも「人がたてる音」として，「教科書をめくる音」「筆箱からペンを取り出す音」「髪の毛をクシでとかす音」などがさまざまに見られます。みなさんの音日記には，どのような音が多く見られたでしょうか。

> ■「自然の音」をイメージする課題
> ・水の言葉をつくってみよう。水はたくさんのきれいな音やおもしろい音を出している。雨だれ，川，海の波などの音を表すための言葉をつくろう。

＊4　R.マリー・シェーファー，今田匡彦『音さがしの本——リトル・サウンド・エデュケーション』春秋社，1996年。

　課題にある水の音をさまざまなオノマトペで表してみると，音に対するイメージが豊かになります。雨の音を題材にした絵本『あめ　ぽぽぽ』[*5]には，「ぴと　ぴと　ぽとん」「さあ　さあ」「ぽぽぽぽぽ」「ぽと　ぽと」「ぴちょん　ぴちょん」などの雨音が多様に表されており，ユニークなオノマトペ表現に触れることができます。雨の降り方や風の吹き方などの違いを感じて，声や言葉，動きで表現すると，自然のなかにある身近な音のイメージがさらに広がるでしょう。ほかにも，『ぽとんぽとんはなんのおと』[*6]や『もりのおるすばん』[*7]など，冬から春へ移りゆく自然を音により感じる絵本や，森の動物たちの違いを足音で感じる絵本があります。子どもたちと読み合い，自然の音への気づきを広げましょう。

　■音・形・色の関わりを意識して，感覚をつなげることができる課題
　・音には色がついているだろうか？　いくつか違った音をつくって，それらの色について話し合ってみましょう。
　・こんな絵にぴったりする音を見つけてみよう。

　シェーファーの課題には，このように私たちの感覚や感性を分断せずに五感を統合して表現するエクササイズも見られます。子どもたちといろいろな音を探して感じる色を言い合ったり，形や色に合う音を見つけたり，形から感じる音を声と動きで表現するのも楽しいでしょう。このような表現方法には決まりや間違いなどはなく，それぞれの子どもなりの表現を尊重し認めることが，創造性や表現意欲を育むうえで大切なことであると言えます。

＊5　ひがしなおこ（作），きうちたつろう（絵）『あめ　ぽぽぽ』くもん出版，2009年。
＊6　神沢利子（作），平山英三（絵）『ぽとんぽとんはなんのおと』福音館書店，1980年。
＊7　丸山陽子『もりのおるすばん』童心社，2012年。

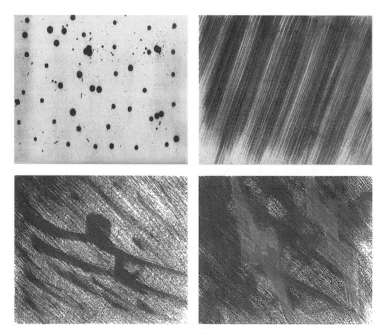

写真 5 - 6　雨の音を描く（学生の作品）

　写真 5 - 6 は，さまざまに降る雨音の CD を聴いて学生が描いたものです。絵からどのような音が聞こえてきますか。絵から感じる音やリズム，また音から感じる形や色など，五感をつなげて表現を試み，保育者を目指すみなさん自身の感性を高めていきましょう。

②幼稚園の園庭での「音さがし」活動

　爽やかな 5 月の朝，年長クラスの子どもたちは保育者からバインダーを受け取り，音さがしに出かける準備をしています。数日前から『もりのおとぶくろ』の絵本を読んでもらい，「音聴き遊び」もしてきました。「目を閉じて，周りの音に耳を澄ましてみてね。どんな音が聴こえるかな」という保育者の問い

＊8　わたりむつこ（作），でくねいく（絵）『もりのおとぶくろ』のら書店，2010年。
　　　この絵本は，けがをしたおばあちゃんに森の音を届けて元気づけようとする 4 匹の子うさぎのお話です。「風のおと」「水のおと」などを届けたいのですが，方法がわからず困ったウサギたちに，丘の上の大きなブナの木が音をためる「おとぶくろ」を貸してくれます。

かけに，子どもたちは，「なんかやさしい風の音がした」「シューッと風が吹いた」「スズメかな？　ち〜いさい鳥の声がする」「２階の柵のところでボォーッて大きな怖い音がした」など，自分が見つけた音を言葉で伝えたり，コンテパステルを使って白画用紙のカードに色や形で表しました。次のエピソード３はそのような体験を重ねて，いよいよ音さがしに出かける前の子どもたちと保育者のやりとりの様子です。

エピソード３　「音さがし」活動に出かける前の子どもたち（５歳児）

「今日はウサギの耳になって音さがしに行きましょう」と保育者が言うと，Ａくんが「蝶々の羽の音がするかもしれん」とつぶやきます。「小さい組の子が泣いてる声が聞こえる」と言うＴちゃんに，保育者が「泣いてる声ってどんな色やろうなあ……」と問うと，「水色！」とすぐに答えました。音からイメージを膨らませた子どもたちは，お話に出てくる大きなブナの木"ぶなじい"（写真５-７）の穴から出された"おとぶくろ"を手にして，うれしそうに園庭に出かけていきました。

写真５-７　"おとぶくろ"を持ったぶなじい

出所：山野てるひ・岡林典子・水戸部修治（編著）『幼・保・小で役立つ絵本から広がる表現教育のアイデア』一藝社，2018年，p. 114。

園庭に出た子どもたちは，空を見上げて「あっ，ヘリコプターの音！」と声をあげたり，木に近づいて「木の音，カサカサ」とつぶやくなど，見つけた音や思いを保育者に言葉で伝えたり，絵に表して"おとぶくろ"に入れていきます。保育室に戻ると，園庭マップに絵を貼り，「ヘリコプターの音，ブルンブルン」などと説明します。同じ音を聴いていた子どもが「もっと高い音やった」と，自分の感じたことを伝える姿も見られました。保育者の"おとぶくろ"のアイデアは，子どもの活動意欲を引き出すのにとても効果的でした。

2 「わらべうた」遊びにおいて育まれる音楽的感性と表現

　わらべうたは，時代や地域のなかでさまざまに変容を繰り返して伝承されてきた遊び歌です。決まった旋律やリズム，歌詞があるわけではなく，言葉を自由に入れ替えたり，繰り返したりできる可変性をもっています。たとえば，お手合わせ歌《お寺のおしょうさん》の歌詞では，「お寺のおしょうさんが／かぼちゃの種をまきました／芽が出て膨らんで／花が咲いてジャンケンポン」や「……花が咲いて枯れちゃって／忍法使って空飛んで／東京タワーにぶつかって」や「UFO使って空飛んで／スカイツリーにぶつかって」などの違いが見られ，そこに子どもが主体的に新しい歌詞や遊び方を創造してきた過程を見てとることができます。

　ここでは《らかんさん》《ちょっとパーさん》の二つのわらべうたを体験して，その楽しさの要因や，遊びから育まれる感性の育ちを一緒に考えてみましょう。

1　まねっこ遊びのわらべうた《らかんさん》[*9]

【遊び方】

　輪になり，それぞれに「両手を前に出す」「鼻をつまむ」など二つのポーズを考えます。初めの4小節（譜例5-1）は手を8回（1小節2回）打ちながら歌い，「ヨイヤサノ・ヨイヤサ」で考えた二つのポーズを，一人対全員の掛け合いで順に回し，次第にテンポアップをしていきます。この遊びは，数人のグループで回すことも，クラス全員で回すこともできます。

＊9　《らかんさん》には，円陣をつくった子どもたちが，一人一つの動作を考え，「ヨイヤサ」の囃子（はやし）言葉に合わせて隣の子が一動作遅れで真似していく「羅漢回し」という遊び方がある。今回はそれを簡略化して，「ヨイヤサノヨイヤサ」のフレーズを一人対全員の掛け合いで歌う形を提示する。難波正明・岡林典子・深澤素子ほか「幼小をつなぐ音楽活動の可能性(2)──わらべうた《らかんさん》の実践から」『京都女子大学発達教育学部紀要』11，2015年，pp. 11-20。

譜例 5 - 1　《らかんさん》

出所：難波・岡林・深澤ほか（2015），p. 15。

　この他にも，一つのポーズを一斉にしながら右隣の動きを見て真似をし，次々に真似を続ける遊び方もあります。どんどん速くして真似ができなくなったら抜けていき，最後に残った人が勝ちです。

　この遊びを体験してみると，どのような楽しさを感じるでしょうか。全員が同じリズムにのって「ヨイヤサノ　ヨイヤサ」と声を合わせてポーズを真似ると，一体感と高揚感が得られます。また，リズム，声，動きが心地よく同期する楽しさもあります。自分の考えたポーズをみんなが真似してくれるうれしさも感じられます。テンポをアップして難しくなると，挑戦しようという意欲が掻き立てられます。

2　じゃんけん遊びのわらべうた《ちょっとパーさん》

【遊び方】
　じゃんけん歌なので，唱え言葉と共に手や足を動かします。

　ちょっと（チョキ），ぱーさん（パー），ぐーすけ（グー），ちょうだい（チョキ），かーみに（パー），くるんで（グー），ちょうだい（チョキ），ちょうだい（チョキ），ぐるりとまわって（手，または体をまわす），じゃんけんぽん（じゃんけん）

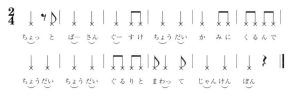

譜例5-2　《ちょっとパーさん》
出所：近藤信子『にほんのわらべうた④　楽譜とCD』福音館書店，
2001年，p. 28。

エピソード4　《ちょっとパーさん》で遊ぶ（4歳児）

　保育者からの遊びの提案に，子どもたちは足じゃんけんへの関心を見せています。足じゃんけんは，対戦相手と顔を合わせて大きな動きを同期させる楽しさがあります。隊形1のように並んで意欲的に始まった遊びは，次第に子どもの集中力を欠いて，長続きしませんでした。保育者は翌日，隊形2でチーム対抗を行うことにしました。負けた子は相手チームに入ります。

　「ちょっとパーさん……」とみんなで声を合わせて唱え始めると，子どもたちの気持ちは一つになりました。残りの人数が少なくなったチームは，より大きな声で唱え，じゃんけんに挑む子は仲間の応援のリズムにのって跳び上がりそうな勢いを見せていました。

図5-1　2種の隊形
注：●は対戦中の子ども。
　　○は順番を待つ子ども。
出所：筆者作成。

　エピソード4に見られた隊形1と2の遊びの差はなぜ生じたのでしょうか。隊形1では前方の二人だけの遊びとなり，みんなで勝負を共有することができません。一方，隊形2では順番を待つ子どもから，じゃんけんをする二人が見えるので，勝敗を共有することができます。また，互いの顔を見て歌声を合わ

せることができ，視覚によって得られる楽しさや表現意欲の向上があると言えます。保育者には，子どもが遊びの何に楽しさを感じてどのように表現しようとしているかを，表情やその場の状況から感受し，援助する力が求められます。

3 わらべうた遊びと子どもの音楽的育ち

わらべうた遊びをするなかで，子どもたちは動きと共にそこに通底する日本語の抑揚やリズム感，旋律的な感覚を身につけていきます。それは将来にわたる音楽的素地や感性を育む基盤になると言えます。伝承遊びとしてのわらべうたは，わが国の伝統的な音楽文化を「実感をもって」理解することにもつながります。しかし，保育者はわらべうたを型どおりに正しく伝えなければならないわけではありません。より楽しい遊びにしようと主体的に変化を加える子どもの感性や創造性，表現力をゆとりをもって見守る力が必要だと言えるでしょう。

3 和楽器を用いた活動において育まれる音楽的感性と表現

1 和楽器探索から広がるさまざまな表現

5歳児クラスでは，①日本の楽器に触れる，②音の響きの違いを感じ取ってさまざまに表現する，というねらいのもとに和楽器と関わる表現活動を試みることになりました。以下のエピソードは和楽器を探索をする子どもたちの姿です。

> #### エピソード5 和楽器を探索する子どもたち（5歳児）
> 締め太鼓，平太鼓，拍子木，すず，鉦，チャッパなどが置かれた部屋に入室した数人の子どもたちは，初めて触れる和楽器を自由に鳴らしたり，友達と音を合わせたりしています。AくんとKちゃんは締め太鼓と平太鼓の面や枠を打って音の違いを確かめたり，響きの異なる二つの太鼓の音を合わせて楽しんでいます。また，IちゃんとMちゃんは手に持った鉦を二

人で合わせて鳴らしています。和楽器探索では相互に交流を図り，協同する姿が多く見られました。

写真5-8　和楽器探索をする子どもたち

　楽器探索を終えて保育室に戻った子どもたちは，「小さいシンバルみたいな音がきれいだった」「大きい太鼓がどんどん力が湧いてくる感じがした」などと，感じたことを自分なりの言葉で表現しました。表5-3は子どもの言葉を保育者が書き留めたものです。それぞれに楽器の音の響きを感じ取っていたことがわかります。表5-4は保育者の打つ締め太鼓と鉦の音を子どもたちがオノマトペで表したものです。太鼓はドンドン，鉦はカンカンなど決まりきったオノマトペではなく，みずみずしい感性で音を捉えた表現が読み取れます。保育者は「おもしろいね。太鼓の音は一つなのにみんなのお口からはいろんな音

表5-3　子どもたちが述べた和楽器の感想

・大きい太鼓がどんどん力が湧いてくる感じがした
・江戸時代の太鼓みたいだった
・地蔵盆の浴衣着て踊る時の太鼓だった
・祇園祭で見た楽器だった
・小さいトンカチみたいなので，下のところを叩いたら響いた。裏側を叩いたのと全然違った
・火の用心のがあった
・神社の鈴みたいだった
・鈴がいっぱいついててきれいな音だった
・シンバルみたいなのは，知ってるシンバルと似てるけど，もっと響く感じでちょっと違った
・小さいシンバルみたいな音がきれいだった

出所：筆者作成。

表5-4　和楽器の音を表したオノマトペ

締め太鼓のオノマトペ	鉦のオノマトペ
・とんとん・たんたん	・かんかん・きんきん
・こんこん・ぽつぽつ	・ちんちん・ちゃんちゃん
・てんてん・でんでん	・がんがん・ぎんぎん
・ぴるぴる・だんだん	・りんりん・ちりんちりん

出所：筆者作成。

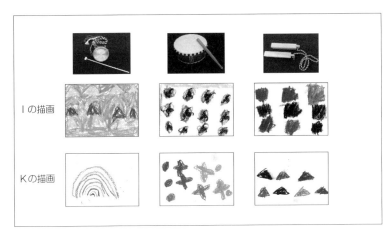

図 5 - 2　鉦・太鼓・拍子木の音のイメージを描いた形や色
出所：筆者撮影。

が出てきました」とそれぞれの子ども
の表現を受け止め，認めていました。

　図 5 - 2 は鉦・太鼓・拍子木の音を
聴いた子どもたちが，イメージを広げ
て形や色で表現したものです。また，
図 5 - 3 は太鼓の音を聴いた T くんが
「ボールが跳ね返った音」と言って描
いた絵です。同じ音を聴いていても子

図 5 - 3　太鼓の音からイメージした絵
出所：筆者撮影。

どもたちの表現は多様で，どの子どももそれぞれに感じたことを自分なりに表
現していることがわかります。和楽器探索は子どもが音のもつ美しさや楽しさ，
不思議さを感じる場であり，さまざまに広がる子どもの創造性や表現意欲を引
き出す環境として機能していたと言えるでしょう。

2　和楽器との関わりと子どもの音楽的育ち

　和楽器には口唱歌を唱えるという学習方法があり，締め太鼓には「スッテ
ンスッテン，スッテンテン」という口唱歌があります。子どもたちはみんなで

この口唱歌を唱えた後，保育者の提案で「スットンスットン」や「スッタンスッタン」「スッコンスッコン」と，自分たちが表したオノマトペを次々に入れ替えて唱えることを楽しみました。各々の感覚やイメージで表した音を口唱歌に当てはめて声に出すことは，自分たちから新たに生み出される音楽表現の楽しさや喜びを感じることができます。そのような，音楽で喜びを得る経験をすることこそが意欲的な表現行動へとつながると言えるでしょう。

4 子どもの音楽的感性と表現の育ちに寄り添う保育者として

　これまでに，子どもたちの多様な音楽表現の在り方を見てきました。感性や表現は，子どもの気づきや思いに寄り添い，受け止める保育者の存在が基盤となって育まれていきます。そうした感性や表現を育むために，保育者はどのようなことに注意を向けて子どもに寄り添えばよいのでしょうか。以下に四つのポイントをあげたいと思います。

■1　子どもの内面を読みとる

　落ち葉踏みの場面（エピソード1）でTくんは，Sちゃんが落ち葉の音を聞きながら歩く姿に心が動き，足を速く動かすと音が変化することに気づいて自分なりの表現を生み出しました。保育者はそうした表現のもととなる子どもの内的な心の動きをしっかりと読み取り，「いいことに気づいた」と認めています。音や音楽と主体的に関わることを通して育まれる音楽的な感性は，保育者が適切に子どもの内面を見定めることによって深められていきます。

■2　表現意欲を引き出す工夫をする

　エピソード3に見られた「音さがし」の活動では，保育者の作成した"ぶなじいのおとぶくろ"が子どもたちの音さがしへの意欲を膨らませました。エピソード4の《ちょっとパーさん》では，隊形の工夫によって子どもの気持ちが

一つになり，足じゃんけんの表現が盛り上がりました。また，締め太鼓の音を
オノマトペで表す子どもたちに，保育者は「おもしろいね」と共感し受け止め
る言葉をかけています。こうした子どもの表現意欲を引き出す工夫は，子ども
の音楽表現を「技術的な正確さ」で捉えるのではなく，「どうすれば子どもが
音や音楽と主体的に関わって意欲的に表現することができるか」という観点で
捉えることが大切であると言えます。

3　表現のプロセスに目を向ける

　これまでたどってきた子どもの多様な音楽表現は，自然環境や身の周りにあ
るモノや音との関わりや，保育者の歌声や友達とのやり取りなどをきっかけと
して生起していました。また，締め太鼓のオノマトペから口唱歌へとつなげる
保育者の提案は，音（オノマトペ）が音楽（口唱歌）になる過程を経験できるも
のでした。保育者は表された結果の良し悪しを評価するのではなく，子どもた
ちが何に心を動かし，何を楽しいと感じ，どのように表そうとしているのかと
いう，表現のプロセスに意識を向けることが必要でしょう。

4　保育者自身の音楽的感性を高める

　音や音楽を感じる子どもの内的な心の動きを読み取ったり，子どもが何を表
そうとしているのかという表現のプロセスに目を向けるためには，保育者自身
の音楽的感性が豊かであることが必要です。身の周りの音や音楽に対して豊か
な感性を有する保育者は，音や音楽との出会いのある環境を構成したり，美し
さや楽しさを感じる歌声や伴奏を奏でることに意識を向けるでしょう。
　エピソード2では，紅葉の美しさに感動した保育者の歌声が子どもたちの感
性を揺さぶりました。このように子どもの声や音を豊かに感じる心を育むため
に，保育者は自身の音楽的感性を高めることに意識的であるべきです。

まとめ ･････････････････････････････････

　本章では，エピソードを通して子どもたちの多様な音楽表現を学んできました。
日常生活のなかで見られる子どもたちの音楽表現は，歌を歌うことや楽器を演奏す
ることなどに限られるものではなく，身近な環境にある音や形，色などへの気づき
や，人との関わりのなかで感じる喜怒哀楽などの感情体験を基盤にして生起してい
ます。保育者として子どもの気づきや思いに寄り添い，豊かな感性と表現を育むた
めには，子どもの内面を読み取る，表現意欲を引き出す工夫をする，表現のプロセ
スに目を向ける，自身の音楽的感性を高める，などに意識的になることが大切であ
ることを学びました。

 さらに学びたい人のために

○小泉文夫『音楽の根源にあるもの』平凡社，1994年。

　　「わっしょい，わっしょい」のかけ声や，「もーいいかい」「まーだだよ」の
　応答は音楽なのでしょうか？　子どもの音楽表現を捉えるにあたり，音楽的視
　点を広げられる一冊です。

○山下洋輔（文），柚木沙弥郎（絵），秦好史郎（構成）『つきよのおんがくかい』
　福音館書店，1999年。

　　4匹の動物たちが満月の夜に「ぶんぶん，シャンシャカ，スタタトン」と愉
　快な音楽会を始めるお話です。絵本を読み，子どもたちと一緒にオノマトペを
　使った音楽会を開いてみませんか。

○近藤信子（著），柳生弦一郎（絵）『にほんのわらべうた 全4巻』福音館書店，
　2001年。

　　100曲以上のわらべうたが，子どもたちの遊ぶ姿の写真と共にわかりやすく
　掲載されています。一緒に遊べるおもしろいわらべうたを探すことができる大
　書です。

第6章

保育における
「表現」の歴史的変遷

• • • 学びのポイント • • •

- 領域「表現」に関連する内容及び実践の歴史的変遷を学ぶ。
- 現在「当たり前」「一般的」と考えられる保育の光景について，いくつかの
  例をもとにして，その歴史的背景を理解する。
- 各論を通して，歴史を学ぶことの意義について考える。

WORK 表現活動のルーツをたどって

以下の写真を見てみましょう。

明治後期の松本幼稚園における屋外での共同遊嬉の様子
出所：日本保育学会（編）『写真集　幼児保育百年の歩み』ぎょう
せい，1981年，p. 67。

　この写真は，子どもたちが園庭で「共同遊嬉（遊戯）」，すなわち「おゆ
うぎ（音楽に合わせて身体を動かす活動）」をしている様子です。子どもた
ちの前には部屋から持ち出したオルガンを弾く保姆（保育者）の姿があり
ます。

　松本幼稚園は，1887（明治20）年に開智学校附属幼稚園として長野県で
開園した，長野県内では最初の幼稚園です。松本幼稚園が属する地域では，
教育関係者のみならず，住民が教育への関心とそれを理解し尊重する精神，
信頼感をもっており，地域住民によっても幼稚園の保育実践は支えられま
した。同園は明治30年代以降より幼児の実態に即した保育を実践するため
に，幼児研究，玩具研究，童話研究など多岐にわたる研究及び実践を行い，
県内の保育の指導的・中心的存在でもありました。

　それではこの写真の内容を材料に，現在の保育との相違点や共通点を話
し合ってみましょう。

● 導　入 ● ● ● ● ● ● ● ● ●

　本章では，領域「表現」に関連する活動が主に明治期以降の近代保育においてど
のように捉えられ，実践されてきたのか，また現在に残された課題は何なのかとい
う視点から，保育における「表現」の現在・過去・未来をひも解いていきます。
「明治」「大正」「昭和」……という言葉を聞くと，自分とは関係のない遠い昔の話
だと思ってしまいがちですが，現在の幼稚園や保育所，また保育内容の原型ができ
たのはこの時代のことであり，そこで巻き起こった議論からは，これからの保育を
考えるうえで，またみなさん自身の実践を考えていくうえで多くのヒントが得られ
るはずです。

● ● ● ● ● ● ● ●

1 領域「表現」誕生のルーツをたどって

　昭和戦後期の「絵画製作」や「音楽リズム」という領域名に代表されるとおり，
わが国の保育においては長らく，身体表現，造形表現，音楽表現というような
活動区分が重視されてきました。本章の初めに，なぜこれらの活動が保育内容
として取り上げられ，定着してきたのか，その過程を見ていきましょう。

1 明治から昭和戦前期の保育内容

　話は明治時代にさかのぼります。今では一般的な「幼稚園」や「保育所」が
わが国において誕生したのは明治時代のことでした。わが国における初めての
本格的な幼稚園は1876（明治9）年設立の東京女子師範学校附属幼稚園（現在の
お茶の水女子大学附属幼稚園，以下「附属幼稚園」）で，附属幼稚園とそこで行われ
た保育は以後設立される幼稚園や実践のモデルとなりました。当時，政治制度
や教育制度の多くが欧米のそれをモデルとしていましたが，幼稚園もドイツの
幼児教育学者，フレーベルの理論から大きな影響を受けてつくられました。[*1]
　フレーベルの幼児教育論のなかで今日の領域「表現」に関わるのは，「恩物」
や「遊戯」，『母の歌と愛撫の歌』等の思想や実践・教材で，戦前期の幼稚園で

はそれらを「手技」（恩物遊びや描画），「唱歌」（歌を歌う活動），「遊戯」（自由遊び及び音楽に合わせて身体を動かす活動）といった形で保育内容に取り入れていました。「遊戯」については今日でも「おゆうぎ」や「お遊戯会」といった言葉を聞くことがありますが，ここがルーツになっています。幼稚園が始められたまさにそのときから，現在の表現活動につながる内容が行われていたことがわかります。

　その後1899（明治32）年の「幼稚園保育及設備規程」（文部省令）では保育項目（保育内容）として「遊嬉，唱歌，談話，手技」の四つが定められました（保育四項目）。さらに1926（大正15）年には「幼稚園令」（勅令）が公布され，「遊戯，唱歌，観察，談話，手技等」が定められました（保育五項目）。このように戦前期にはすでに，保育におけるさまざまな表現活動の基盤が制度的にも築かれたのです。

2　第二次世界大戦後の保育内容

　戦後になると，戦前期のさまざまな反省・課題をふまえながら1948（昭和23）年「保育要領」が刊行されました。たとえば，「保育要領」の作成に関わった坂元彦太郎[2]は，戦前期の唱歌や遊戯分野の活動に対して「からだの律動的な動きは，わが国の保育界では形の上では重要視されすぎるほどであったが，実質からいえば，たましいのない，外からのわくにはまった『おゆうぎ』であり，『おどり』のまねでしかなかった[3]」と課題を述べています。「保育要領」は，新しい幼稚園教育の基準，また，保育所保育や家庭での育児の参考になることを願って刊行され，保育内容には「楽しい幼児の経験」として「見学」「リズム」

＊1　フレーベル（Fröbel, F. W. A.; 1782-1852）：ドイツの教育学者。1840年，ドイツのブランケンブルクに「一般ドイツ幼稚園」を創設した。人間の成長と発達における幼児期の重要性や「遊戯（遊び）」の重要性などを説いた独自の教育思想を展開した。主著に，『人間の教育』（1826）がある。

＊2　**坂元彦太郎**（さかもと・ひこたろう：1904-1995）：教育学者。終戦直後には文部省青少年教育課課長，初等教育課課長も務める。「学校教育法」の草案，幼稚園教育要領の作成にもたずさわった。主著に『幼児教育の構造』（1964），『倉橋惣三・その人と思想』（1976）など。

＊3　坂元彦太郎「『音楽リズム』の成り立ちについて」『幼児の教育』**59**(6)，1960年，p. 3。

「休息」「自由遊び」「音楽」「お話」「絵画」「製作」「自然観察」「ごっこ遊び・劇遊び・人形芝居」「健康保育」「年中行事」の12項目が掲げられました。

　1956（昭和31）年には，「幼稚園教育要領」が刊行され，ここでは保育内容が6領域（健康，社会，自然，言語，絵画製作，音楽リズム）に定められました。しかしながら，この6領域の「望ましい経験」という位置づけ方，その内容や指導法解説書等の記述は，教科のように各領域をバラバラに指導する，小学校の教科内容をやさしくしたもの，あるいは小学校のため準備教育，そのための技能指導と捉えられるような傾向にありました。そのような状況は幼児期の教育にふさわしくないというさまざまな批判の結果，1989（平成元）年には5領域（健康，人間関係，環境，言葉，表現）へと改訂されていくのです。

2　「描くこと」「つくること」の育ちはどのように考えられてきたか

　ここからは，保育における造形表現，身体表現，音楽表現がどのように考えられてきたのか，その歩み，また現在の実践の背景について，いくつかの事例をもとにたどっていきたいと思います。

1　描くこと

　「描くこと」については，フレーベルが教育方法の一つとして重視していたこともあり，明治初期の幼稚園では「画」「石盤図画」「画キ方」「図画」という形で取り入れていました。当時は石盤や石筆等が道具として使用されていました。

　大正期になると色鉛筆，またクレヨン等が使用されるようになりました。「できるだけ大きな紙を使って伸び伸びと描かせる」ことや自由に描く「随意画」や，「ぬりえ」が多く行われるようになったのもこの頃だそうです。このような変化が起こった背景には，教育界全体で新しい教育を求める声が高まり，

＊4　倉橋惣三・新庄よしこ『日本幼稚園史』フレーベル館，1956年，p. 95。

保育に関しても明治30年代（1900年前後）以降に研究が盛んになっていったことがあげられます。たとえば教育学者の東基吉は，著書『幼稚園保育法』において，石盤・石筆だけでなく，画用紙や色鉛筆，絵の具の使用をすすめ，「臨画は誤り」「随意」等，幼児の自発的な表現活動を評価しています。また，1918（大正7）年頃には山本鼎が中心となり，自由画教育運動も起こりました。山本はそれまで行われていた絵画教育を「不自由画」と位置づけ，子どもに自由な写生や自分で想像して絵を描かせることを推奨しました。

2　つくること

「つくること」——すなわち現在の造形や製作と呼ばれるような内容もまた，明治初期から保育において行われてきました。その元となったのが，フレーベル考案の教育玩具「恩物」です。フレーベルは，子どもが恩物を用いて自発的に遊ぶことにより，さまざまな感覚や感性が刺激され，より創造的な活動が展開できるようになると考えました。初期の幼稚園では，輸入された参考書に従って，これらの恩物を第一恩物から順番に，また決められた方法に則って子どもが用いるような活動が行われていましたが，そのような方法は次第に批判され，明治30年代以降の保育研究へとつながっていきます。

　恩物には，主に感覚を養い自己活動の促進・発展を図るタイプのものと，手や指先の訓練を通して巧緻性を養い，そのプロセスを通して手技を身につけるタイプのものとの二種類に大別できます。「針画，縫画，石盤画，織紙，畳紙，木箸細工，木片の組み方，紙片の組み方等」などを含む後者のほうが今日の造形に連なるものと言ってよいでしょう。恩物＝手技の内容はさまざまに改良が

*5　**東基吉**（ひがし・もときち：1872-1958）：教育者。明治後期に恩物中心主義保育，形式主義保育を批判し，幼児の自己活動（遊戯）を中心とした保育論を展開した。東京女子高等師範学校附属幼稚園批評係も務めた。主著に『幼稚園保育法』（1904）など。
*6　**山本鼎**（やまもと・かなえ：1882-1946）：画家。フランス留学からの帰国後，長野県において自由画教育と農民美術に関わる民間運動を始めた。主著に『自由画教育』（1921）など。
*7　春日明夫『玩具創作の研究——造形教育の歴史と理論を探る』日本文教出版，2007年，pp. 203-204.
*8　同上書，p. 204.

加えられながらも，戦前期を通して保育内容の中心として行われ，現在に至ります。

③　第二次世界大戦後の展開

　戦前期にも子どもの自由な表現への言及はありましたが，基本的には戦後，保育要領の時代になっても，相変わらず決められた色を塗ったり，きちんと物を形づくったりすることが保育のなかで求められたと言われています[*9]。そのようななか，新しい造形・描画表現教育の在り方を求めてさまざまな民間美術教育運動が起きました。代表的なものとして，1952（昭和27）年に美術評論家の久保貞次郎，画家の北川民次らによって設立された創造美育協会（創美）の活動があげられます。創美は，ものの形や色が固定観念によって描かれており，自ら得た印象や感動などを画面に表現していない絵（概念画）を批判し，子どもが生来もっている創造力を育み，自由に表出していくことの大切さを提唱しました。そのため，紙や画材は自由に選択させ，自由な造形活動ができる環境を提供しようとしました[*10]。創美の実践は，創造性や自由を尊重するあまり，指導法を軽視した放任主義であるとの批判も受けましたが，子どもの描く活動をどう捉えるか，技術指導の問題をどのように考えるか等，さまざまな課題を改めて考える材料を与えてくれます。その他，新しい絵の会[*11]や造形教育センター[*12]などの活動も保育現場に大きな影響を与えました。

＊9　石川博章「保育と民間美術教育運動」黒川建一（編著）『保育内容造形表現の探究』相川書房，1997年，p. 143。
＊10　同上書，p. 144。
＊11　**新しい絵の会**：1952（昭和27）年設立。幼稚園や保育所において実践的活動を通して，造形表現における内容，方法，指導法の確立，体系化を行った。
＊12　**造形教育センター**：1955（昭和30）年設立。創造美育協会の活動が児童画中心であったのに対して，立体造形にも着目し，実践的な研究を行った。そのなかには，造形と遊び，造形と生活を結びつけるような，当時としては新しい提言も含まれていた。

3 「身体」の教育はどのように考えられてきたか

　表現というものが，どのような領域であれ「今ここに生きて，存在している私」を通して行われているならば，その育ちにおいて「身体」や「身体性」は大変重要な視点となります。ところが，これまで表現における身体の問題はどうしても遊戯や舞踊の枠組みから語られることが多かったのも実情です。

■1　「おゆうぎ」のルーツをたどって

　子どもが歌や音楽に合わせて身体を動かす活動については，戦前期には「遊戯」と呼ばれ，古くから行われてきました。すでに述べたとおり，明治初期に欧米の幼稚園に関する情報が日本にもたらされた際，フレーベルの運動遊戯が「遊戯」と翻訳され，実践されるようになったのです。時代が下るにつれ，次第に子どもの心情や表現の実態に寄り添おうとする遊戯教材・指導法が研究され，大正期には土川五郎という人物が欧米のフォークダンスを取り入れた「律動遊戯」というものを発表しました。童謡・唱歌に合わせて子どもが踊る児童舞踊も流行し，子ども向け雑誌には童謡や童話，楽譜と同時に遊戯（舞踊）が掲載されたり，さらにはその童謡がレコードとして発売され，付録として遊戯の振り付けが掲載されるというスタイルが生み出されました。それらを用いた遊戯講習会も全国的に行われ，これらの作品が保育現場に広まっていく契機となりました。

　先述の土川五郎はただ身振り手振りを模倣するだけではなく，歌や楽曲に表れた「感情」を子どもが追体験することの重要性を主張しました。その他にも「自由表現」等子どもが伸び伸びと表現することを目指した実践もありました。しかしながら，戦後も戦前期の遊戯や児童舞踊を基盤とした実践が引き継がれていくこととなります。

2　リトミックと領域「表現」

　「リトミック」とは，スイスの作曲家・音楽教育家であったエミール・ジャック＝ダルクローズ（Jaques-Dalcroze, É. ; 1865-1950）という人物によって20世紀初めに創案された教育法です。これは，音楽のリズムを単に聴覚だけで捉えるのではなく，視覚，触覚，筋肉感覚など全身での反応運動の体験を通して感覚の鋭敏化を図り，全人的な人格形成を目指す芸術教育法であり，リズム運動，ソルフェージュ[*13]，ピアノ即興演奏の3部門が相互に関連づけて実践されます[*14]。わが国へは1900年代初頭に紹介されましたが，特に成城学園（成城幼稚園），玉川学園においてリトミックを指導した小林宗作[*15]はリトミックを保育界・音楽教育界に普及した人物として知られています。このようにリトミックは戦前期から保育界に広まっていましたが，戦後，さらに活発に行われることとなりました。

　リトミックは，音楽教育あるいは身体表現教育メソッドとして保育においてある一定の影響力と広まりをもってきましたが，日本での実践の歴史を振り返ると，一般的には「リズム運動」（特にリズムや音への即時的反応）と「ソルフェージュ」（特に読譜，視唱，聴音，記譜能力等の育成）に重きが置かれ，また，そういった能力を伸ばす，あるいはそうした活動をしていればリトミックであると考えられてきたきらいがあります。こうした傾向に警鐘を鳴らす研究者も少なくありません。リトミックとは何なのか，今一度ジャック＝ダルクローズの思想の原点に立ち戻って，保育におけるその意義を考え直す必要があると言えるでしょう。

＊13　**ソルフェージュ**：西洋音楽学習における基礎教育の一つ。もとは旋律や音階などを母音のみ，あるいは階名（ドレミ）で歌う視唱をさしたが，現在では，音楽理論や聴音など幅広い内容を含んだ用語としても用いられる。
＊14　森きみえ「リトミック」日本音楽教育学会（編）『日本音楽教育事典』音楽之友社，2004年，p. 802。
＊15　**小林宗作**（こばやし・そうさく；1893-1963）：フランスでジャック＝ダルクローズに直接リトミックを師事した後帰国し，成城幼稚園主事となった。主著に『綜合リズム教育論』（1935）など。

4 保育のなかの歌・音・音楽

１　子どもの歌文化の歴史

　歌唱活動は造形表現や身体表現同様，古くから取り上げられている活動の一つです。これまで「子どもたちが歌ってきた歌」「子どものためにつくられた歌」にはさまざまな種類があり，なぜそれがつくられ，歌われてきたのかということにもさまざまな経緯があります。

　わが国における近代保育の開始と時を同じくして，欧米から輸入された幼稚園参考書を元に，1877（明治10）年から「保育唱歌」という教材が作成され，本格的に遊戯や唱歌の指導が始まりました。保育唱歌は，小学校の音楽教育の開始にも大きな影響を与えましたが，雅楽調の音楽や古語を基調とした歌詞などが幼児の実態にそぐわないという批判もあり，その後，多くの唱歌・遊戯教材がつくられることとなりました。なかでも，1901（明治34）年に出版された『幼稚園唱歌』（東くめ・滝廉太郎・鈴木毅一・巌谷小波（編））は，今日まで歌い継がれている「お正月」や「鳩ぽっぽ」など20曲を収録しています。これらの歌は，文語調による硬い内容の明治時代初期の唱歌に比べると，より子どもの感情に即した歌への改革でした。

　このような動きは大正時代の童謡運動に引き継がれていきます。この運動の中心人物であり，「あめふり」や「ゆりかごのうた」で知られる詩人・北原白秋は，それまで小学校で教えられていた唱歌を「教訓的」で「非芸術的」と批判し，唱歌はわらべ歌に歌われた世界，すなわち日本の伝統や子どもの心情を大切にすべきだと主張しました。童謡運動は，同時代に隆盛した新教育運動や[*16]芸術教育運動とも相まって，「七つの子」「夕焼小焼」「シャボン玉」などたく[*17]

---

*16　**新教育運動**：19世紀末より，それまで行われていた詰め込み教育や訓練的教育などを批判し，子どもの自発性や興味，個性を尊重しようとする動きが欧米諸国の教育界に起こった。わが国においても1910年代以降，特に大正期に，師範学校附属小学校や私立学校が拠点となり活発に展開された。

さんの童謡を生み出していきます。昭和初期に日本教育音楽協会が編纂した『エホンシヤウカ（絵本唱歌）』（1931〜1937年頃）には「チューリップ」「こいのぼり」「豆まき」等，やはり今日でもよく歌われる歌が所収されています。

　第二次世界大戦後は，レコード童謡で活躍した作曲家や童謡歌手が活発に活動するところから始まります。NHK ラジオでは「うたのおばさん」が1949年に，現在も続く NHK テレビ「みんなの歌」は1961年に放送を開始し，たくさんの歌を世に届けました。また，「さっちゃん」「犬のおまわりさん」で知られる作曲家・大中恩や，「かわいいかくれんぼ」「ちいさい秋みつけた」で知られる作曲家・中田喜直らは，1955年に「ろばの会」という童謡作曲研究グループを結成し，「よい詩によい曲を」というモットーで活動しました。[18]

2　わらべ歌への着目と保育

　わらべ歌もまた，長く歌い継がれ，今日にまで伝わっている子どもの歌文化の一つです。記録に残るもっとも古いわらべ歌は，平安時代後期のもので，江戸期の書籍にも赤ちゃんを囲む大人や子どもが「かいぐり」「あわわ」などで赤ちゃんをあやしている「あやしはじめ」という図が見られますので，わらべ歌が古くから生活に根づいていたことが推測できます。[19]

　明治期以降では，最初期の幼児向け歌唱教材である『幼稚園唱歌集』（1887年）等にわらべ歌の利用が見られますが，歌詞や旋律が改変されるなどしていました。その後は，西洋音楽様式による教材が多く作成されたために，わらべ歌への注目は低かったようにも推測されますが，1935（昭和10）年に倉橋惣三[20]らが作成した『系統的保育案の実際』（東京女子師範学校（編），日本幼稚園協会，

---

*17　**芸術教育運動**：主に大正期に展開され，明治期の画一的，教訓的な教材や指導法を批判し，芸術家が中心になって新しい児童文化と芸術教育の創造を目指した運動。童話，童謡，綴り方（作文），詩，絵画，劇などの分野で展開された。鈴木三重吉らによる雑誌『赤い鳥』（1918年創刊）はこの運動に大きな影響を与えた。

*18　平井健二「童謡運動」日本音楽教育学会（編）『日本音楽教育事典』音楽之友社，2004年，p. 611。

*19　嶋田由美「わらべうたが果たす機能」「なぜ乳幼児はわらべうたが好きなのか」『乳幼児の音楽表現——赤ちゃんから始まる音環境の創造』中央法規出版，2016年，pp. 82-85。

1935年）には「自由遊戯」のなかにいくつかのわらべ歌遊びが登場していますので，実生活のなかでは遊ばれていたのかもしれません。

　戦後，特に音楽教育関係者がわらべ歌に着目したのは1960年代のことです。音楽学者・小泉文夫はわらべ歌や民謡に初期の教育への教材的価値を見出し，それらを音楽教育の出発点にするべきであると提案しました。また，1968年に羽仁協子によって設立されたコダーイ芸術教育研究所は，ハンガリーの作曲家・民族音楽学者・音楽教育家であったコダーイ[21]らの理念・実践に影響を受けて，「自民族の音楽の役割」として乳幼児期の教育におけるわらべ歌実践論を展開していきました。[22]これを契機として，各地の保育所でわらべ歌による音楽教育が広まっていきました。1980年代以降，わらべ歌教育論はさまざまな理由から一時下火になるものの，近年では豊かな関わりをひらく手段の一つとして，何より子どもが生き生きと遊び，新しい文化を創造していく場としても再評価がなされています。

3 「音楽の生活化」と音環境

　音楽や絵画，造形，劇……，いわゆる芸術とも呼ばれるものが私たちの身近にあり，それが生活を豊かにしたり，教育的効果をもたらすことについては「○○の生活化」というスローガンで古くから提唱されてきました。この「生活化」の考え方によって，保育のなかでもさまざまな場面で音楽が用いられてきたと考えられます。たとえば，1953（昭和28）年刊行の『幼稚園のための指導書　音楽リズム』（文部省）には，「聞くこと」の指導方法の一つとして「よ

＊20　**倉橋惣三**（くらはし・そうぞう；1882-1955）：大正から昭和戦後期にかけて活躍した保育者，保育学者。戦前期には三期にわたって東京女子高等師範学校附属幼稚園主事を務めた。新教育思想の影響を受けた新しい幼児教育研究を行い，幼児の生活を本位とする誘導保育論を確立した。戦後は，教育刷新委員会及び幼児教育内容調査委員会のメンバーとして『保育要領』を作成するほか，日本保育学会初代会長を務めるなど，指導的な役割を果たした。

＊21　**コダーイ**（Kodály, Z.；1882-1967）：ハンガリーの音楽文化の発展と継承という観点から同じくハンガリーの作曲家であるバルトークと共に民謡の収集を行ったほか，自国の音楽にもとづく「コダーイ・システム」と呼ばれる音楽教育体系を考案した。

＊22　中嶋恒雄・岩井正浩「わらべ歌」日本音楽教育学会（編）『日本音楽教育事典』音楽之友社，2004年，p. 824。

い音楽を聞かせる」という項目がありますが,「よい音楽」の例としてさまざまな曲をあげたのちに,「これらの曲は,幼児の生活に結びつけて自然に流したり,またいろいろな場合に（朝の時間,休息,昼食,午睡,一つの作業から他の活動にうつるとき,集会のとき,帰るときなど）音楽で合図をして音楽的なふんいきをつくる」と述べています。このような内容の記述は昭和40年代後半になっても見られます[*23]。さらに,1965（昭和40）年に刊行された『発達段階を明らかにした指導計画のための保育所保育指針解説』（山下俊郎（編）,ひかりのくに昭和出版）では,「眠る前や静かにまどろみ始めたときに美しい音楽を聞かせる。過度の音や騒音に注意する必要があるが,しかしあまりに注意し過ぎる必要はない」（1歳3か月未満児の保育内容, p. 87）と,いわゆる午睡時のBGMへの言及があります。

　現在でも,自由遊びや午睡中に音楽を流す,自由遊びから片づけを始めるときなど,活動と活動の区切りの合図として音楽や歌が使われるといった光景はよく見られます。こうした光景のルーツは一つには,上記にあげたような文言があると推測されます。しかしながら,そのような音楽の在り方には,BGMによって子どもが好きな遊びに集中できなかったり,騒音のなかでどなり声になってしまったり,音楽がただの合図＝記号としてしか受け止められなくなってしまう等の批判もあり[*24],保育における音環境の視点からも再考する必要があると言えるでしょう。

5　行事のルーツをたどって

　表現活動が大きく関係しているお遊戯会,生活発表会,音楽会等と呼ばれる行事は,その意義が認められる一方,その位置づけ,内容,当日までのプロセ

---

*23　たとえば,小原昭による解説（「具体的な指導法4　音楽鑑賞」真篠将（指導）『新しい音楽リズムの指導』ひかりのくに,1972年, pp. 49-50）など。

*24　本項で取り上げた山下俊郎（編）の『発達段階を明らかにした指導計画のための保育所保育指針解説』では,「音楽的ふんい気がたいせつといっても,一日中レコードで音楽が流れているような感じでは,（食事時間中,午睡時間中,起きるとき,かたづける間中など）音楽に喜びを感ずることが少なくなるのではないかと思われるので,子どもたちの気持に響くような適切な用い方をしたいと思う」（2歳児の保育内容, p. 116）という記述も見られる。

ス等をめぐってさまざまな議論が起こっているのも事実です。

1　学芸会事始

　学芸会の成立は明治30年代後半（1900年頃）であると言われています。学芸会の元になっているのは小学校等における「試験」で，発表会形式の試験をして成績の優秀な者を選び，成績優秀者がその成果を人々の前で披露することが，学事奨励の意味を込めて盛んに行われたとのことです。[*25]

　ところが，1900（明治33）年に学校行事としての学年修了試験，卒業認定試験が廃止されたのをきっかけに，1901年頃から学習成果の発表会が父母や関係者を集めた形で行われるようになりました。内容としては談話，朗読，唱歌，図画，書き方，各科目の成果発表，風琴（オルガン）の独奏，算術の速算，理科の実験などが行われていたようです。1903年頃からは「学芸会」という呼称が用いられてくることになります。[*26]

　保育現場においては，昭和初期頃から唱歌会，遊戯会といった形で学芸会同様の行事が定着してきたと推測されます。たとえば昭和初期の長野県松本幼稚園では，唱歌会に向けて子どもたちが毎日練習をしていた様子が保育日誌に残っています。[*27]

2　「見せること」と「見ていてくれること」
──子どもが舞台に立つことをめぐる論争

　大正期になると，子どもたちによる劇が行事に取り入れられてきます。自由教育運動の中心人物であった小原国芳[*28]が始めた学校劇等は全国に広がりましたが，ホテルの演芸場などで子どもたちが公演するなどあまりにも興行じみた例，

---

*25　佐々木正昭「学校の祝祭についての考察──学芸会の成立」『人文論究』**57**(1)，2007年，pp. 52-70。
*26　同上書。
*27　大沼覚子「大正から昭和初期の松本幼稚園における音楽活動──多様な活動の実態とその諸相」『音楽教育研究ジャーナル』**36**，2011年，pp. 12-25。

行き過ぎた事例などもあり，1924（大正13）年には文部大臣訓示及び文部次官通牒（通称「演劇禁止令」）が出されるほどでした。

　では，幼児が人に表現を見せる，ということについてはどのような受け止めがあったのでしょうか。倉橋惣三は，遊戯について「その動作者の受ける教育的効果を主とするのであつて，観覧者を対象とするものではない」と主張しました。[*29] 倉橋にとって遊戯は何よりもまず子どもの「踊りたい気持ちを満足させるため」[*30] のもので，むやみに大人に見せたり，そのために練習させたりするものではなかったのです。しかし当時このような傾向は多く，倉橋はその状況に対してたびたび警鐘をならしていました。

　しかし，「見せること」に意味がないわけではなく，倉橋は，「見せようとすれば邪道だが，見てくれていることは気強い」と，かたわらで誰かが見守っていてくれることは必要であることを説いています。また，「人間は出来るなら，人を楽しませることを喜ぶのは良いこと」と，「エンターテイメント」として，喜ばせてあげる，また喜ばせてあげたいという気持ちがあるときには見せることもまた，子どもの心を満たしてくれるものであるとも指摘しています。[*31]

6　これからの領域「表現」を考えるために

　最後に，戦前期から現在の領域「表現」へと残された全体的課題について考察して本章を終えることにしたいと思います。

＊28　小原国芳（おばら・くによし：1887-1977）：新教育運動の代表的指導者の一人。新教育運動の中心であった成城小学校主事を経て，1929（昭和4）年には玉川学園を創設，独自の実践を展開した。主著に『全人教育論』（1921）など。
＊29　倉橋惣三「保育入門（十）」『婦人と子ども』15(1)，1915年，p. 33.
＊30　[座談会]「ストーブを囲んで——遊戯についてのはなし」『幼児の教育』30(1)，1930年，p. 32.
＊31　菊池ふじの（監修），土屋とく（編）『倉橋惣三「保育法」講義録——保育の原点を探る』フレーベル館，1990年，p. 217.

1　乳幼児の姿から生涯にわたる教育を考えること

　本章でも紹介した 6 領域時代に対するさまざまな批判は新しいものではなく，古くは戦前期にも各保育項目を時間で区切って教科のように並べてそれぞれの指導をしていく，あるいは遊戯であれば決まった振り付けを保育者が見本となって子どもたちに指導していくなど，子どもの興味・関心，主体性，自発性，総合性といったものが重視されていない，という共通項があります。今なお同様の議論が繰り返される背景には，「大人がすでにもっている文化の側から保育・教育を考える」という姿勢があると考えられます。たとえば音楽であれば，一般的に「歌唱」「器楽」「鑑賞」「創作・作曲」という領域に区切ってそれらを個別に活動内容としていくと考えられがちですが，乳幼児の表現や行為を観察していると，歌や言葉を含めた「声」を使って生き生きと表現したり，身近な環境と関わって音を楽しんだり，試したり，何かをつくり出したりしているわけです。すなわち，「幼児は大人の考える文化的な価値体系を教え込まれるだけの受動的な存在ではなく，自ら主体的に学び，表現していく存在」[32]であり，保育における表現の育ちとは本来，そのような子どもの姿からボトムアップ的に考えることが大切なのではないでしょうか。

2　技術や文化の学びをどう捉えるか

　同時に，私たちは生まれたときからすでに多種多様な文化やそのなかで育まれてきた技術のなかで生きていることも事実です。私たちが生きている文化のなかで自分がどのように，何を実践して，表現者として生きていくのかが問われているのです。ではそのための技術はどのようなプロセスで身につけていけばよいのでしょうか。

　倉橋惣三は子どもの表現と文化，技術との関係について，歌を歌ったり，絵

＊32　石川眞佐江「幼稚園教育要領における音楽活動の位置付けの歴史的変遷——領域〈音楽リズム〉から領域〈表現〉への転換を中心に」『静岡大学教育学部研究報告（教科教育学篇）』44，2013年，p. 103。

を描いたりする活動は子どもの主体的な表現であり，歌いたい，描きたい気持ちを満足させるものであるが，一方でそれらは，すでに「文化」としても社会に存在するものであり，そうした意味で，保育がその先の目標として文化とつながることの必要があると訴えています[*33]。

　さらに倉橋は，お店屋さんごっこを例にして次のように述べています。子どもが，お店やさんごっこでお店の看板をつくるのに絵を描いているときに，絵そのものに興味をもつことがあり，これが絵そのものに純粋な芸術的興味を向ける素地になっていく，つまり，生活から少し離れて，文化のなかで磨かれてきた「絵を描く技術」を学びたい，という気持ちが生まれてきます。保育者はここで，子どもの「もっとやってみたい」「学びたい」気持ちを満足させるような経験，それをさらに豊かに育てる経験を提供しなければならないのです。そこで重要なことは，「生活から徐々に離れていくプロセス」を大切にしなければならないということです。何でもよいから早く文化や技術を獲得させたり，与えたりすればよいわけではない。生活から文化へ，あまりにも早く分離することを抑えてこそ，本当の芸術教育になるというのです[*34]。

　みなさんは倉橋からのメッセージをどのように受け止めますか？

✎ まとめ ･･･

　本章では，保育における「表現」の現在・未来を考えるために過去の歴史をたどってきました。明治に始まるわが国の近代保育においては，フレーベルがその思想において今日の造形表現，身体表現，音楽表現につながるような活動を重視していたため，これらの活動が保育において古くから取り上げられていたことを学びました。また，その後の歴史を制度面，実践面の各論から確認しました。

　戦後は「保育要領」をはじめ，新しい時代の保育をつくり出そうとさまざまな動きがありました。そして「絵画製作」「音楽リズム」を含む 6 領域時代を経て，現在に至ります。近代保育がスタートしてから約150年。多くの実践者，研究者が「表現」について考えてきましたが，残された課題はまだ多くあります。歴史を知ることがそのことを考える材料の一つになることを願っています。

･･･

＊33　倉橋惣三「幼児教育の文化性——講習筆記」『幼児の教育』**37**(8・9)，1937年，pp. 78-113。
＊34　倉橋惣三「幼児教育の文化性（五）——講習筆記」『幼児の教育』**38**(3)，1938年，pp. 30-67。

さらに学びたい人のために

○汐見稔幸・松本園子・髙田文子・矢治夕起・森川敬子『日本の保育の歴史——
　子ども観と保育の歴史150年』萌文書林，2017年。
　　保育を学ぶみなさんにも手に取りやすい歴史書を目指して執筆された一冊。
　カリキュラムの歴史的変遷について興味がある方は，宍戸健夫『日本における
　保育カリキュラム——歴史と課題』（新読書社，2017年）もおすすめです。

○大場牧夫『表現原論——幼児の「あらわし」と領域「表現」』萌文書林，1996
　年。
　　幼稚園教諭であった著者の青山学院大学における講義録。日々の実践にもと
　づいて語られた内容は，今なお私たちに「表現」に関するさまざまな課題を投
　げかけると同時に，その原点を教えてくれます。

○今川恭子（監修），志民一成・藤井康之・山原麻紀子・木村充子・長井覚子
　（編著）『音楽を学ぶということ——これから音楽を教える・学ぶ人のために』
　教育芸術社，2016年。
　　音楽活動を従来の「歌唱」「器楽」「鑑賞」等の枠組みではなく，「声を出す
　こと」「モノとかかわること」「聴くこと」といった子どもの行為，目の前の子
　どもの姿から出発し，あわせてそれらを発達的，歴史的，文化的視点から論じ
　た一冊です。

第Ⅱ部　領域「表現」の指導法

第7章

領域「表現」のねらい及び内容

●　●　●　学びのポイント　●　●　●

- 「自分なりに表現する」や，「豊かな感性や表現する力を養う」とはどのような子どもの姿なのか，子どもの表現の育ちについて学ぶ。
- 乳児，1歳以上3歳未満児，3歳以上児における領域「表現」のねらい及び内容は，それぞれの発達の特徴をふまえ，どのように示されているのかを理解し，保育者の援助や環境構成，留意事項について学ぶ。
- 保育の評価はどのように行われるべきか，領域「表現」の観点から評価の在り方について学ぶ。

WORK　子どもの興味・関心はどこにある？

　ある幼稚園の砂場で遊ぶ子どもたちの様子です。彼らは何を感じ，考え，どのような経験をしているのか，考えてみましょう。

写真提供：呑竜幼稚園（栃木県，佐野市）。

1．個人で考える（5分）
・子どもたちはそれぞれの五感をどのように働かせ，何を感じ取っているでしょうか。
・子どもの周りにはどのような環境があるでしょうか。
・子どもたちが感じているであろうこと，考えているであろうことを，子どもの言葉にして吹き出しのなかに書いてみましょう。

2．グループで話し合う（20分）
・個人で考えたことをグループのなかで発表しましょう。どのような意見が出たでしょうか。なぜ，そのように考えたのかについても発表しましょう。
・この場面では，子どもの何が育っているでしょうか。保育者はどのようなねらいをもっているでしょうか。
・保育者のねらいをふまえ，どのような環境構成の工夫が考えられるか，また，配慮すべき事項についても意見を出し合ってみましょう。

● 導　入 ● ● ● ● ● ● ●

　本章では，感性と表現に関する領域「表現」の基本的な考え方と，そのねらい及
び内容について理解を深めます。新しい「保育所保育指針」と「幼保連携型認定こ
ども園教育・保育要領」では，「乳児保育に関わるねらい及び内容」，「1歳以上3
歳未満児の保育に関わるねらい及び内容」，「3歳以上児の保育に関するねらい及び
内容」というように，それぞれの年齢に応じたねらい及び内容が示されています。
そして，「3歳以上児の保育に関するねらい及び内容」については，「保育所保育指
針」「幼保連携型認定こども園教育・保育要領」「幼稚園教育要領」の三つすべてが
同じ記載内容となっていることが今回の改定（訂）の大きな特徴です。3歳未満児
と3歳以上児のねらい及び内容にはどのような違いがあるのか，各年齢の発達段階
をふまえて理解しましょう。

　なお，本章は「保育所保育指針」「幼保連携型認定こども園教育・保育要領」「幼
稚園教育要領」の各解説の領域「表現」に記載されている内容を要約しながら説明
していきます。より深く理解するために解説全文もぜひ読みましょう。

● ● ● ● ● ● ● ● ●

1 乳児保育に関わるねらい及び内容

　2017年に改定（訂）された「保育所保育指針」と「幼保連携型認定こども園
教育・保育要領」では，乳児（1歳未満児），1歳以上3歳未満児，3歳以上児
の三つの年齢に分けてねらい及び内容が示されるようになりました。

　そして3歳以上児の保育に関するねらい及び内容は，「保育所保育指針」「幼
保連携型認定こども園教育・保育要領」「幼稚園教育要領」のそれぞれにおい
て，「先生」「保育士」「保育教諭」など一部の用語の表記を除き，同じ内容で
示されるようになりました。

　今日では多くの3歳未満児が保育所や認定こども園に通うようになり，その
保育の充実を図ることの重要性は増しています。発達的な特徴を十分理解し，
一人一人の子どもに応じた適切な保育を行うことが保育者に求められています。

　ここでは，乳児保育における領域「表現」のねらい及び内容について，乳児
期の発達的な特徴をふまえながら学びます。

⒈　ねらい

　乳児期の子どもは心身共に著しく発達し，短期間で大きく変化していきます。視覚，聴覚などの感覚や，座る，はうなどのあらゆる運動機能の発達も著しく，周囲の環境にも興味・関心をもって関わろうとします。

　同時に，特定の大人との応答的な関わりを通じて，情緒的な絆が形成される時期でもあります。このような発達的な特徴をふまえ，乳児保育に関わるねらいについては，身体的発達に関する視点「健やかに伸び伸びと育つ」，社会的発達に関する視点「身近な人と気持ちが通じ合う」，及び精神的発達に関する視点「身近なものと関わり感性が育つ」というように，身体的，社会的，精神的な３つの発達的視点から示されています。１歳以上３歳未満児と３歳以上児の保育に関わるねらいが，「健康」「人間関係」「環境」「言葉」「表現」の５つの視点から示されていることと異なる特徴ですが，乳児保育における領域「表現」に関わるねらいは，精神的発達に関する視点「身近なものと関わり感性が育つ」のなかで次のように示されています[*1]。

> ウ　身近なものと関わり感性が育つ
> 　身近な環境に興味や好奇心をもって関わり，感じたことや考えたことを表現する力の基盤を培う。
> 　(ア)　ねらい
> 　　①　身の回りのものに親しみ，様々なものに興味や関心をもつ。
> 　　②　見る，触れる，探索するなど，身近な環境に自分から関わろうとする。
> 　　③　身体の諸感覚による認識が豊かになり，表情や手足，体の動き等で表現する。

　身近な環境に自分から関わろうとする行為は，心地良さや楽しさ，安心感といった「安定した情緒」に支えられることによってさらに興味や関心をもって

---

*1　「保育所保育指針」第２章「保育の内容」の１「乳児保育に関わるねらい及び内容」(2)「ねらい及び内容」のウ。

関わる探索行動へとつながっていきます。

　乳児期は「感じたことや考えたことを表現する力の基盤を培う」時期ですから、あらゆるものに実際に関わって、興味や関心をもつ経験を積み重ねることが重要であるとの観点から、このようなねらいが示されています。この経験の積み重ねが、その後の「様々な表現」「自分なりの表現」といった主体的で多様な子どもの表現へとつながるのです。そしてそれらの経験は、身近な大人との親密な応答的なやりとりを通して築かれる信頼感や安心感が基盤となって育まれます。

2　内　容

　乳児保育における精神的発達に関する視点「身近なものと関わり感性が育つ」では、以下の5つの内容が示されています。[*2]

> (イ)　内容
> ①　身近な生活用具、玩具や絵本などが用意された中で、身の回りのものに対する興味や好奇心をもつ。
> ②　生活や遊びの中で様々なものに触れ、音、形、色、手触りなどに気付き、感覚の働きを豊かにする。
> ③　保育士等と一緒に様々な色彩や形のものや絵本などを見る。
> ④　玩具や身の回りのものを、つまむ、つかむ、たたく、引っ張るなど、手や指を使って遊ぶ。
> ⑤　保育士等のあやし遊びに機嫌よく応じたり、歌やリズムに合わせて手足や体を動かして楽しんだりする。

　これらの内容には、乳児期の子どもの表現の育ちに大切な、興味や好奇心をもって実際に見たり、聞いたり、触れたりするといった、直接的で多様な経験につながる具体的な事項が示されています。乳児は園生活のなかで、見る、聴く、匂いを嗅ぐ、触れる、味わうといった諸感覚を通して実際に環境と関わる

＊2　前掲（＊1）、ウの(イ)。

写真7‒1　絵の具の感触を楽しむ

写真提供：おおわだ保育園（大阪府，門真市）。

ことで，「これは何だろう？」「おもしろそうだな」「きれいだな，美しいな」「楽しいな」「心地良いな」といった，さまざまな心動かされる経験をします。その経験こそが子どもの豊かな感性を育むのです。また，乳児期には手や指を使ってつまむ，つかむ，たたく，引っ張るなどの指先の感覚が発達したり，首をもちあげる，寝返りをうつ，はいはいをする，つたい歩きをするといったさまざまな動きも身についたりしますので，多様な動きを経験することも重要です。

　写真7‒1は，心地良い春風が吹く園庭で，保育者に見守られながらフィンガーペインティングをして遊ぶ乳児の様子です。手のひらいっぱいに絵の具をつけて，その感触を手で確かめたり，画用紙やブルーシートの上に手で描くことを楽しんだりしています。絵の具の感触を楽しんだり，偶然に描かれる形や色を楽しんだりする姿も見られます。

　このようにさまざまな素材に親しんだり，楽しさを感じたりする経験の積み重ねが，「感じたことや考えたことを表現する力の基盤」になっていることを理解しておきましょう。

3　指導上の留意点

　発達の個人差や月齢差の大きい乳児期の子どもは，生活リズムも行動範囲も個人差や月齢差があります。発達の差を理解したうえで，一人一人の子どもに

写真7-2 さまざまな動きが経験できるように配慮された乳児の保育室
写真提供：ねむの木こどもの森（群馬県，高崎市）。

写真7-3 子どもにもわかりやすいように整理された遊具の棚
写真提供：ねむの木こどもの森（群馬県，高崎市）。

あった個別的な関わりや援助が必要です。また，子どもが身近にあるものに，興味・関心をもって積極的に関わっていけるような環境づくりが大切です。雨の音や風の音を聴いたり，風に揺れる木々の葉っぱに見入ったり，肌触りのよい布のおもちゃなどを触ったり，光や影の不思議さを感じたりというように，子どもの周りにあるものすべてが，子どもの興味・関心の対象となり，感性を刺激するための環境であることを十分に理解しましょう。そのようなものや出来事に気づくためには，静かで落ち着いた雰囲気づくりも必要です。保育者は常に子どもの心が安定して落ち着けるように，そして子どもの興味に寄り添えるような応答的な関わりを心がけましょう。

　写真7-2，写真7-3は，あるこども園の乳児の保育室環境です。1歳以上児のいる園舎から少し離れた場所にあって，静かで落ち着いた環境が保たれています。大きな窓からはたくさんの陽が射し込んできます。ぬいぐるみや手触りのよい布のおもちゃが用意されていたり，ゴミ袋に空気を入れて膨らませてつくったボールや，上ったり下りたり，つかまったりといった動きのできる遊具（角が丸くなっていて安全に配慮されています）等，乳児が興味をもって関わりたくなるような，そして多様な動きが経験できるものが環境として置かれています。また，おままごと道具やおもちゃを片づけるかごには写真が貼ってあって，子ども自身が自分でどこに何があるのかを探したり片づけたりできるよう

な工夫もされています。

　子どもが積極的に環境に関わったり動いたりしても，その行動を制限しなくてもよいように，身近にある玩具や環境は清潔に保たれていることや安全性が確保されていることは環境づくりとしてもっとも重要なことです。

　子どもが見たり触れたりするものには十分に心を配り，子どもはどのように動くのか，子どもからどのように見えるのか，どのように聞こえるのか，どのように感じるのか，どうすれば興味・関心がもてるのか，自由に動いても安全は保たれるのかなど，常に動き方，見え方，聴こえ方，感じ方を子どもの立場に立って考えて環境を工夫したり，援助をしたりする必要があります。

2　1歳以上3歳未満児の保育に関わるねらい及び内容

　この時期になると，子どもは歩く，走る，跳ぶなど，基本的な運動機能が発達し，排泄などの自立のための身体的機能も整ってきます。食事や衣類の着脱などの細かな動作も指先の発達と共に自立へと向かいます。語彙も増加して，自分の思いを自分の言葉で表現できるようになり，さらに友達への関心が増して関わりも増えます。自我も芽生えて思いどおりにならない葛藤も少しずつ経験していきます。

　そして，この時期の子どもの保育においては，3歳以上児と同様に5つの領域からねらいと内容が示されています。ここでは，領域「表現」に関するねらい及び内容について理解を深めます。

1　ねらい

　1歳以上3歳未満児の保育における領域「表現」のねらいは，3歳以上児の保育におけるねらいと少し表現が異なりますが，その違いは，発達過程の差を考慮しているからです。この時期ならではの子どもの表現の育ちをふまえ，ねらいは次のように示されています。[*3]

> オ　表現
>
> 　感じたことや考えたことを自分なりに表現することを通して，豊かな感性や表現する力を養い，創造性を豊かにする。
>
> 　(ア)　ねらい
>
> 　　①　身体の諸感覚の経験を豊かにし，様々な感覚を味わう。
>
> 　　②　感じたことや考えたことなどを自分なりに表現しようとする。
>
> 　　③　生活や遊びの様々な体験を通して，イメージや感性が豊かになる。

　乳児期よりもさらにさまざまな動きができるようになると，行動範囲も広がり経験できることが増えていきます。言葉の発達に伴い，自分の感じたことや考えたことを，言葉を用いて伝えようとすることもできます。さらに，歌を歌う，楽器を鳴らしてみる，絵を描く，身体で表現するなど，さまざまな表現手法にも興味をもって自分なりに表現してみようとします。生活や遊びのなかで体験したことは，見立て遊びやごっこ遊びなど，イメージしたことを自分なりに表現することにつながります。

　この時期の子どもたちには，「様々な感覚を味わう」「自分なりに表現しようとする」「イメージや感性が豊かになる」とねらいに示されるように，表現すること自体を楽しむ経験が大切です。

2 　内　容

　1歳以上3歳未満児の保育における領域「表現」においては，ねらいをふまえて，次のような内容が示されています。[*4]

> (イ)　内容
>
> 　　①　水，砂，土，紙，粘土など様々な素材に触れて楽しむ。
>
> 　　②　音楽，リズムやそれに合わせた体の動きを楽しむ。

---

* 3　「保育所保育指針」第2章「保育の内容」の2「1歳以上3歳未満児の保育に関わるねらい及び内容」(2)「ねらい及び内容」のオ。

* 4　同上（＊3），オの(イ)。

③　生活の中で様々な音，形，色，手触り，動き，味，香りなどに気付いたり，感じたりして楽しむ。
④　歌を歌ったり，簡単な手遊びや全身を使う遊びを楽しんだりする。
⑤　保育士等からの話や，生活や遊びの中での出来事を通して，イメージを豊かにする。
⑥　生活や遊びの中で，興味のあることや経験したことなどを自分なりに表現する。

　これらの内容を見ると，水，砂，土，紙，粘土というように，触れる素材が具体的に示されていたり，音，形，色，手触り，動き，味，香りというように，気づいたり感じたりする経験も具体的に示されていることがわかります。

　子どもにとって親しみやすい素材，歌や音楽，自然といった身近な環境との積極的な関わりを通して，子どもは自分なりにさまざまに工夫したり試行錯誤したりして表現しようとします。その関わりを通して，楽しさやおもしろさ，発見といった心を動かされる経験を積み重ねていきます。

　また，保育者や友達との関わりを通してもさまざまな感情を経験します。自我が芽生えるこの時期の子どもは，人との関わりを通して，ただ楽しさを感じるだけでなく，ぶつかり合いといった葛藤も経験するようになります。このようなさまざまな感情の経験も，子どもの感性の育ちには大切なプロセスとなるのです。

　写真7-4，写真7-5は，自然のなかで遊ぶこども園1・2歳の子どもたちです。一人の子どもが触り始めた草を，周囲の友達もまねをして触り始め，一緒に触れたり匂いを嗅いだりして楽しむ様子が見られます（写真7-4）。また，木の棒で石を叩いていた女児は，その音に興味をもったのか，並んでいる大きな石を順番に繰り返し叩いては音の鳴り方を聴いたり，響き具合を確かめたりしています（写真7-5）。自然豊かな環境のなかで，「ねらい」に示されているとおり，さまざまな素材に触れ，親しみ，触れたり匂いを嗅いだり音を聴いたりといった感覚を味わう様子や，自分なりに工夫して表現しようとする様子が見られますね。石の鳴る響きを繰り返し聴きながら叩いている女児の姿からは，音のイメージを広げている様子も感じられます。

写真7-4　友達と一緒に草の匂いや感
　　　　触を楽しむ
写真提供：赤城育心こども園(群馬県, 前橋市)。

写真7-5　並んでいる石を叩きながら
　　　　音を鳴らしたり聴くことを楽
　　　　しむ
写真提供：赤城育心こども園(群馬県, 前橋市)。

3 指導上の留意点

　子どもの表現の育ちでまず大切にしたいことは，「何を表現したのか」といった，現れ出たものを見るのではなく，どのような経験を通して，心のなかで何を感じ，考えたのかといった，その表現をするに至るまでの心の育ちのプロセスに着目することです。まずは子どもが楽しんでいること，表現しようとしていることに共感し，その思いを受け止めることが重要です。また，試行錯誤しながらもやってみようとするその意欲や，それを成し遂げたときの充実感にも気づき，温かく見守ったり励ましたりするような援助が必要です。新しいことや興味をもったことに積極的に挑戦し，感じたことや考えたことを自分なりに表現する力が育つために，安全が確保された空間，安定した情緒，受容的な保育者の援助が基盤となることは，乳児期の子どもと同様に，この時期の子どもにとっても重要なことです。

3　3歳以上児の保育に関するねらい及び内容

　新しい保育所保育指針，幼保連携型認定こども園教育・保育要領，幼稚園教育要領では，保育所，認定こども園，幼稚園のどの施設も，3歳以上児につい

ては「幼児教育を行う施設」としての位置づけが明確に示されるようになりました。そして，この時期の教育において「育みたい資質・能力」として，以下の3つが示されています。*5

---

(1)育みたい資質・能力
- (ｱ) 豊かな体験を通じて，感じたり，気付いたり，分かったり，できるようになったりする「知識及び技能の基礎」
- (ｲ) 気付いたことや，できるようになったことなどを使い，考えたり，試したり，工夫したり，表現したりする「思考力，判断力，表現力等の基礎」
- (ｳ) 心情，意欲，態度が育つ中で，よりよい生活を営もうとする「学びに向かう力，人間性等」

　幼児期の教育においては，園生活の全体を通して，生きる力の基礎を培うことが求められており，これらの資質・能力は，幼児期の子どもの特性をふまえて，遊びを通した総合的な指導のなかで一体的に育むことが重要とされています。

　また，「幼児期の終わりまでに育ってほしい姿」として，「健康な心と体」や「思考力の芽生え」「豊かな感性と表現」など10の姿が示されましたが（図7-1），これらの姿は，ねらい及び内容にもとづく活動全体を通して資質・能力が育まれていく際の子どもの，就学前までに育ってほしい具体的な姿として示されたものです。

　保育所，認定こども園，幼稚園のそれぞれが，「幼児教育を行う施設」としての位置づけが明確にされたことにより，3歳以上児の保育におけるねらい及び内容も，保育所保育指針，幼保連携型認定こども園教育・保育要領，幼稚園教育要領の3つの指針と要領で同じ記載内容になりました。ねらいは，園生活を通して発達していく子どもの姿をふまえ，幼児期の教育において育みたい資質・能力を子どもの生活する姿から捉えたものであり，内容は，ねらいを達成

＊5　「保育所保育指針」第1章「総則」の4「幼児教育を行う施設として共有すべき事項」(1)「育みたい資質・能力」。

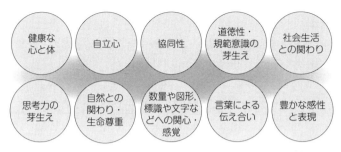

図7-1　幼児期の終わりまでに育ってほしい姿（10の姿）
出所：文部科学省「幼児教育部会における審議の取りまとめ」2016年を一部修正。

するために保育者が指導する事項で，子どもが身につけていくことが望まれる
もので，それらを健康，人間関係，環境，言葉，そして表現の5つの側面から
示したものです。

　子どもの発達は，さまざまな側面が絡み合い，相互に影響を与えながら遂げ
られていくものですから，子どもが園生活のなかでさまざまな体験を積み重ね
られるよう，保育者は，これら5つの側面から具体的な活動が展開されるよう
総合的に指導を行う必要があります。

⒈　ねらい

　この時期の子どもは，運動機能の発達によって，基本的な動きができるよう
になり，また，生活習慣もほとんど自立します。語彙数も増え，複雑な思考や
言葉によるやりとりもできるようになります。友達との人間関係もより深まり
をもつようになり，いざこざが起きても自分たちで解決しようとする力が育っ
てきたり，仲間と協力して達成感をもって一つのことを成し遂げようとする力
も育ったりします。それぞれの子どもが個として成長するだけでなく，集団と
しての活動の充実も見られるようになります。

　感性と表現に関する領域「表現」のねらいは，このような子どもの育ちをふ
まえ，次のように示されています。※6

> オ　表現
>
> 　感じたことや考えたことを自分なりに表現することを通して，豊かな感性や表現する力を養い，創造性を豊かにする。
>
> 　(ア)　ねらい
>
> 　　①　いろいろなものの美しさなどに対する豊かな感性をもつ。
>
> 　　②　感じたことや考えたことを自分なりに表現して楽しむ。
>
> 　　③　生活の中でイメージを豊かにし，様々な表現を楽しむ。

　これらのねらいは，1歳以上3歳未満児の保育における領域「表現」のねらいと少しずつ表現が異なっています。3歳未満までのさまざまな経験を通して，見る，聴く，触れる，味わう，匂いを嗅ぐなどの感覚が発達してきた子どもたちは，これらの五感を通して，美しさや心地よさに対する感性が育ってきます。また，感じたことや考えたことを自分なりに表現しようとする経験を積み重ねてきたことで，その表現をさらに工夫したり試行錯誤しながら，より自分らしい表現ができるようになり，納得したり満足したり，楽しんだりするようになります。そして，ごっこ遊びや見立て遊びなどで，自分なりのイメージをもって遊ぶ経験は，やがて友達とイメージを共有したり，友達から刺激を受けて新たなイメージをもって遊んだりできるようになります。

　子どもの表現は，このように発達に応じてさらに育まれていきますが，乳児，1歳以上3歳未満児，そして3歳以上児と発達に応じたねらいが示されることによって，表現の育ちのプロセスがより明確に理解できるようになります。

2　内　容

　3歳以上児の保育における領域「表現」の内容は，以下のように示されています。[*7]

＊6　「保育所保育指針」第2章「保育の内容」の3「3歳以上児の保育に関するねらい及び内容」(2)「ねらい及び内容」のオ。

＊7　同上（＊6），オの(イ)。

> （イ）内容
>
> ① 生活の中で様々な音，形，色，手触り，動きなどに気付いたり，感じ
> たりするなどして楽しむ。
>
> ② 生活の中で美しいものや心を動かす出来事に触れ，イメージを豊かに
> する。
>
> ③ 様々な出来事の中で，感動したことを伝え合う楽しさを味わう。
>
> ④ 感じたこと，考えたことなどを音や動きなどで表現したり，自由にか
> いたり，つくったりなどする。
>
> ⑤ いろいろな素材に親しみ，工夫して遊ぶ。
>
> ⑥ 音楽に親しみ，歌を歌ったり，簡単なリズム楽器を使ったりなどする
> 楽しさを味わう。
>
> ⑦ かいたり，つくったりすることを楽しみ，遊びに使ったり，飾ったり
> などする。
>
> ⑧ 自分のイメージを動きや言葉などで表現したり，演じて遊んだりする
> などの楽しさを味わう。

　領域「表現」は「感じたことや考えたことを自分なりに表現することを通して，豊かな感性や表現する力を養い，創造性を豊かにする」という観点から示されたものです。ここで示されている「豊かな感性」の「豊かさ」とはどのようなことでしょうか。さまざまな表現媒体を用いたり，さまざまな表現手法を身につけたりするだけで「豊かな感性が育った」とは言えません。絵を描く表現媒体としてもクレヨン，色鉛筆，水彩絵の具などのさまざまな道具がありますし，製作をするにしても用いる素材はさまざまで，表現方法も絵を描く，ものをつくる，歌を歌う，楽器を演奏する，身体表現するなどさまざまです。もちろん，さまざまな素材に触れる，さまざまな表現方法を用いるといった多様な経験は子どもの表現の育ちにとって大切なことですが，単に多様な表現媒体・方法を用いることのみが多様な経験ではありません。何をどのように表現するか（したか）といった現れ出た結果ではなく，何をどのように感じたのか，なぜそのように表現しようとしたのかといった，その表現に至るまでのプロセスでの子どもの心の動きや考え，イメージ，試行錯誤などの積み重ねの一つ一

写真7-6　見つめ合って笑うこと
　　　　　を楽しむ

写真提供：呑竜幼稚園（栃木県，佐野市）。

写真7-7　同じ動きを楽しんだり，イメー
　　　　　ジを共有して遊ぶ

写真提供：呑竜幼稚園（栃木県，佐野市）。

つが子どもの多様な経験であり，「豊かな感性」の育つ源であることを十分に
理解し，子どもたちが積み重ねるその経験のプロセスを丁寧に読みとることが
もっとも大切です。

　写真7-6，写真7-7は，ある幼稚園での思い思いの遊びの時間での子ども
の様子です。仲のよいお友達と一緒に遊ぶうちに，同じ動きをすることに楽し
さを見出した姿が見られます。写真7-6では，ただ同じポーズをとって「笑
い合う」という遊びですが，子どもたちが心から楽しんでいることが伝わって
きます。写真7-7では，動物園に遠足に行った経験から，「ペンギンの動きを
する」という遊びを始めた一人の男児と，その男児の動きに同調してまねっこ
をし，同じペンギンの動きをしながら後を追いかけるもう一人の男児の姿です。
遠足での経験をこのような遊びとして表現することや，友達の動きからイメー
ジを広げ同じ動きをして遊ぶことを楽しむことにも，子どもたちの「豊かな感
性」の育ちが見出されます。

3　指導上の留意点

　身体機能が発達し，さまざまな動きができるようになり，また自立的に行動
できるようになって，さまざまなことに挑戦しようとする意欲も育ってきます。

走る，跳ぶ，登る等の多様な動きの遊びが経験できるようにするとともに，安全には十分に配慮した環境づくりが必要です。

　また，友達との関係も深まり，言葉で思いを伝えたりすることも少しずつできるようになっていきます。イメージしたことを言葉で伝えようとしたり，イメージを共有したり工夫したり試行錯誤したりする経験も積み重ねてきていますが，うまく言葉で表現できなかったり，思いが伝わらず言い争いになったりすることも増えてきます。一人一人の子どもの思いを大切にしながらも，集団で遊ぶことの楽しさが経験できるよう配慮することが大切です。

写真7-8　砂場遊びにおける異年齢の関わり

写真提供：呑竜幼稚園（栃木県，佐野市）。

　遊びのなかではさまざまな経験ができるよう，またイメージを広げたり工夫したりできるような素材，教材を準備するなどの環境構成が必要となります。

　写真7-8は本章冒頭のWORKで示した写真を，もう少し遠景で撮影したものです。WORKの写真で子どもたちが興味深く見ていたのは，雨どいをつたって流れる水とその勢いで押し流される砂場の砂の様子です。砂場のすぐそばに，少し高い位置に登れる遊具があり，その上から雨どいを砂場にかけ，じょうろで水を流しているのは年長児で，その様子を眺めているのは年中児と年少児です。年長児が始めた遊びが周囲にいる他の年齢の子どもたちの興味を引き，自然に異年齢での遊びが生まれます。じょうろやバケツ，スコップなど，砂場遊びに欠かせない道具は砂場のすぐそばに，複数置いてあり，子どもたちは自由に使って遊ぶことができます。この園では，低年齢の子どもが遊べる専用の砂場が他にもあるので，この場所では年長児がダイナミックな遊びを展開することができます。雨どいは，この頃の子どもたちの遊ぶ様子を見て，保育者が用意したものです。

　また，写真7-9は認定こども園の3歳児の，写真7-10は同じ園の5歳児

写真 7 - 9　絵本『どうぞのいす』のごっこ遊
び用小道具
写真提供：さっぽろ夢（北海道，札幌市）。

写真 7 - 10　電車ごっこ遊び
の過程でつくられ
た改札口
写真提供：さっぽろ夢（北海道，
札幌市）。

の保育室にあった遊びの風景です。写真 7 - 9 は絵本『どうぞのいす』[*8]のお話
をごっこ遊びのなかでやりたいという子どもの思いに応えて，保育者が用意し
たものですが，具体的な道具を用いることで，子どもたちは絵本のお話の世界
がより具体的にイメージすることができます。写真 7 - 10では電車ごっこが発
展して，子どもたちが自動改札機をつくりたいと言ったことから，保育者が段
ボールなど製作に必要なものを準備し，子どもたちがアイディアを出し合って
つくりあげたものです。遊びが発展していくためには，具体的にイメージを共
有して，意見を出し合い，遊びに必要な道具をつくり，それらを用いて遊ぶと
いう過程を経ることが重要です。このときに，道具がつくれるような素材を用
意しておくことや場所を確保できるようにしておくことが重要です。

4　領域「表現」の観点から見る保育の評価

　先にも述べたとおり，新しい保育所保育指針，幼保連携型認定こども園教

＊8　香山美子（作），柿山幸造（絵）『どうぞのいす』ひさかたチャイルド，1981年。

育・保育要領，幼稚園教育要領では，保育所，認定こども園，幼稚園のどの施設も，3歳以上児については「幼児教育を行う施設」としての位置づけが明確に示され，この時期の教育において「育みたい資質・能力」として，「知識及び技能の基礎」「思考力，判断力，表現力等の基礎」「学びに向かう力，人間性等」が示されました。各園では，創意工夫をしながら，子どもの発達，園や地域の実態に即した全体的な計画を編成しなければなりませんが，その際，これらの資質・能力をふまえると同時に，「幼児期の終わりまでに育ってほしい姿」のそれぞれが，どのように園生活の遊びのなかでどのように具体的に展開されるのかを考えなければなりません。さらに，全体的な計画は，長期的・中期的・短期的な指導計画として具体化されますが，それは日々の生活のなかで子どもの実態や子どもを取り巻く状況の変化に応じて，その都度，改善に向けての評価，見直しを図る必要があります。

　近年は，日々の保育の様子を文章だけでなく，子どもの作品の写真や遊びの過程もあわせて記録し，保護者や子ども自身と保育者とで共有するドキュメンテーションという手法を用いた記録など，さまざまな方法や媒体を用いて記録する方法が用いられています。これらの記録は保育者が保育を振り返る際の重要な資料となります。保育を見直し，改善するためにも用いられ，それが次の計画へとつながっていきます。計画，実践，評価，改善といったPDCAサイクルは，日々の保育におけるその過程のなかで，さらに次の中長期的な計画の見直しへとつながるのです。

　領域「表現」の観点は子どもが育つ姿を捉える一つの側面であり，このような実践の計画と評価を行うときには，単に「表現」の観点だけを捉えて評価するのではなく，常に各領域の観点から，子どもの学びや育ちを捉える必要があります。しかし，子どもが遊びや生活のなかで感じたり，考えたり，イメージをもったりすることや，それらを友達と共有したり，言葉を用いて伝え合ったり，試行錯誤したりするというように，子どもの学びのプロセスや育つ姿を捉える際の評価の視点として，領域「表現」で示されている観点はとても大切なことです。

まとめ

　「保育所保育指針」「幼保連携型認定こども園教育・保育要領」「幼稚園教育要領」
のそれぞれに示されている感性と表現に関する領域「表現」のねらい及び内容は，
その年齢の子どもの発達にあわせて示されています。特に，「保育所保育指針」と
「幼保連携型認定こども園教育・保育要領」の「乳児保育に関わるねらい及び内容」
は，「表現」として示されているのではなく，「身近なものと関わり感性が育つ」の
なかで示されていることに留意しましょう。「ねらい」に示されている事項は，子
どもの表現や感性が育つ過程において大切にしたいことです。また，内容は各発達
段階をふまえ，この時期の子どもに経験してほしいこと，幼児期の生活にふさわし
い内容が具体的に示されていますので，子どもが遊んだり生活したりするその実態
と照らし合わせながら理解していきましょう。

 さらに学びたい人のために

○無藤隆・汐見稔幸・砂上史子『ここがポイント！　３法令ガイドブック』フレ
　ーベル館，2017年。
　　新しい保育所保育指針，幼保連携型認定こども園教育・保育要領，幼稚園教
　育要領の改定（訂）のポイントがわかりやすく記載されています。３つの指
　針・要領のどこがどのように変わったのかを比較しながら学ぶことができます。

○汐見稔幸，おおえだけいこ（イラスト）『さあ，子どもたちの「未来」を話し
　ませんか』小学館，2017年。
　　新しい保育所保育指針の改定のポイントがイラスト付きで詳しく説明されて
　います。改定に携わった著者から未来の保育を担うみなさんへのメッセージで
　す。

第 8 章

領域「表現」と
小学校教科等とのつながり

• • • ● 学びのポイント ● • • •

- 領域「表現」の学びから小学校の音楽の学習へのつながりをもった授業実践
  について学ぶ。
- 領域「表現」の学びから小学校の図画工作の学習へのつながりをもった授業
  実践について学ぶ。
- 領域「表現」の学びから小学校の音楽・図画工作以外の他教科の学習へのつ
  ながりをもった授業実践について学ぶ。

WORK 遊びのなかに見られる学び

　次の2枚の写真は，ある小学校の4月の様子です。

出所：筆者撮影。

1．個人で考える（5分）
　・子どもたちは何をしているのでしょうか。また，どんな様子でしょうか。
　・どのような配慮や工夫が見られるでしょうか。また，それは何のため
　　でしょうか。考えてみましょう。

2．グループに分かれて話し合う（20分）
　・「1.」についてのそれぞれの考えを話し合いましょう。
　・また，幼児教育とどのような共通点や相違点が見られるかグループで
　　考えてみましょう。

●　導　入　●　●　●　●　●　●　●　●

　領域「表現」は，いろいろなものの美しさなどに対する豊かな感性をもち，感じ
たことや考えたことを自分なりに表現して楽しんだり，生活のなかでイメージを豊
かにし，さまざまな表現を楽しんだりすることがねらいとなっています。そうした
子どもの感性と多様な表現は，「言葉」や「人間関係」「環境」など他領域と密接に
関連しながら育まれますが，これは音楽，図画工作，体育といった教科ごとの目標
と内容の系統性を重視する小学校の指導とは異なります。遊びのなかで無自覚に資
質・能力（「知識及び技能の基礎」「思考力，判断力，表現力等の基礎」「学びに向
かう力，人間性等」）が育まれていく幼児期の学びと，子ども自身が自覚的に資
質・能力（「知識及び技能」「思考力，判断力，表現力等」「学びに向かう力，人間
性等」）を伸ばしていく小学校の学びを円滑につないでいくには，保育者が領域と
教科の共通点と相違点を理解しつつ，遊びを通した総合的な指導のなかで子どもの
資質・能力を十分に育むことが大切です。そして小学校の側では，幼児期の総合的
な学びの在り方に合わせた合科的・関連的指導の工夫などをすることによって，幼
児期からの資質・能力をさらに伸長していくことが求められているのです。

　本章では，幼児教育における領域「表現」と小学校における教科指導のねらいと
内容，方法がどのように関連しているのかを学び，子どもの学びをどのように幼児
教育から小学校教育につなげていけばよいのかについて考えます。

●　●　●　●　●　●　●　●　●

1　領域「表現」と音楽科とのつながり

1　低学年教育の充実

　今回の「小学校学習指導要領」の改訂では，これまで以上に低学年教育の充
実が求められています。「小学校学習指導要領解説　生活編」では，「心と体を
一体的に働かせて学ぶ低学年の特性から，幼児期における遊びを通した総合的
な学びを生かし，具体的な活動や体験を通して感性を豊かに働かせるとともに，
身近な出来事から気付きを得て考えることが行われるなど，中学年以降の学習
の素地を形成していくことが重要である*1」と述べられています。

　「小学校学習指導要領」第1章「総則」第2「教育課程の編成」の4「学校段階等間の接続」においても「低学年における教育全体において，例えば生活科において育成する自立し生活を豊かにしていくための資質・能力が，他教科等の学習においても生かされるようにするなど，教科等間の関連を積極的に図り，幼児期の教育及び中学年以降の教育との円滑な接続が図られるよう工夫すること」と明記されています。

　小学校低学年においては，幼児期の遊びや生活を通した総合的な指導のように，教科間の関連性をもたせた合科的な指導を大切にし，幼児期に育まれた資質・能力を確実に伸ばしながら中学年以降の教科学習につないでいくことが求められているのです。

2　音楽科とのつながり

　ここでは，生活科を中心として音楽科や図画工作科と関連を図った単元「音のはてな？　びっくり！　おんがくたい‼」での子どもの姿を通して考えます。

エピソード1　「音のはてな？　びっくり！　おんがくたい‼」
──単元の立ち上げ・本物から学ぶ・見えないプレゼント

　1年1組には，セネガルと日本のダブルであるＡさんがいます。担任（筆者）は，Ａさんが学校で自信をもって生活できるとともに，学級の子どもみんなが自信をもって生活できる単元をつくりたいと考えました。「みんなちがって，みんないい」を実感することは，Ａさんにとっても，子ども一人一人にとっても「生きる力」となると考えたのです。

　6月，Ａさんの父親がプロの太鼓奏者であることを聞き，授業で太鼓を取り上げたいと考え，そのことをＡさんの母親に話しました。

　夏休み，Ａさんは父親と一緒にダンボールの筒にヤギの皮を張った太鼓

＊1　文部科学省「小学校学習指導要領解説　生活編」2017年，p. 57。
＊2　**ダブル**：混血，ハーフの別称。ハーフは，雑種という意味や半人前というイメージがあるため，人権の観点から「父と母，二つの故郷の文化をもっている」という意味で「ダブル」という言葉が使われるようになってきている。

をつくってきました。Aさんが紹介し，叩いてみるとみんなが一斉に机を叩き出しました。「一緒に叩いてみよう」と言ったわけでもないのに叩き出したのです。「Aさん以外の子どもたちも太鼓に興味がありそうだ。これは単元になるのではないか」と担任は考えました。

・太鼓は，1年生の子どもでも簡単に音が出せる。
・気づきを言語で表現しやすい。
・「生活科の内容(6)　自然や物を使った遊び」に迫れそうだ。
・音楽科としては，プロの演奏を聴いたり，自分も演奏させてもらったりして，体全体で音を感じることができそうだ。
・身の回りの音を探す活動を取り入れれば，学校探検の経験も生かせる。
・大きな缶を集める活動では，給食室や商店街の方との関わりも生まれそうだ。
・図画工作科の太鼓をつくる活動では，4月から関わっている用務員さんとも引き続き関われる。
・「たいことわたし」の絵を描くこともできそうだ。
・手づくりの太鼓などを使った表現活動では，子どもたちにつけたい「聴く力」「心を一つにして取り組む楽しさ」も身につけられる。
・「生活科の内容(8)　生活や出来事の交流」に迫るために，今までお世話になった方や家の方，地域の方，幼児に見てもらい感想を伝え合うことで，自信もつき，達成感も生まれる。

　このように，目の前の子どもの実態から学習材を分析して，育てたい資質・能力を探り，単元をスタートさせました（図8-1）。
　Aさんのつくってきたヤギの皮の太鼓から，太鼓に興味をもった子どもたちは，太鼓奏者であるAさんの父親の太鼓の演奏を聴きたくなりました。10月，子どもたちの思いを受けて，Aさんの父親は，たくさんのアフリカの太鼓「ジェンベ」を持って仲間と共に学校に来てくれました。
　体全体に響く太鼓の音に最初はびっくりしていた子どもたちでしたが，楽しそうに演奏する姿を見て，自分たちも演奏してみたくなったようでした。本物の太鼓を叩かせてもらい，友達とリズムを合わせて叩くとどんどん笑顔になっていきました（写真8-1）。
　Aさんの父親は，はじめ太鼓は遠いところの人に思いを伝えるためにあったことを話してくれました。そして，太鼓だけでなく，音はいろいろな

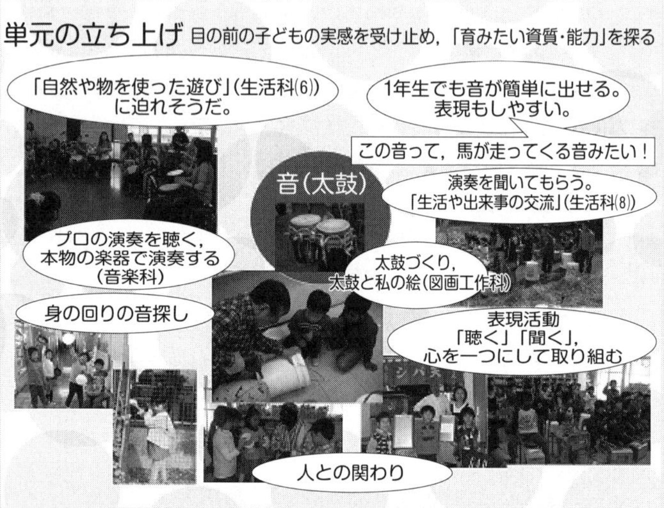

図8-1　学習材のウェビング

出所：筆者作成。

ところにあるということも教えてくれました。「これは，何の音に聞こえるかな」。そう言うと，胸元からお腹のあたりを手で素早く叩いて音を出し始めました（写真8-2）。

　子どもたちは，「馬が走ってくるみたい」「うんうん，そう聞こえる。すごい」「目をつぶったら，本当に馬がいるみたい」と口々に言い出しました。そして，自分たちでも体を叩き始めました。

　音を出す楽しさを知った子どもたちは，その後，学校のなかにある音を探し始めたのでした。

　11月，「Aさんのパパみたいに大きな太鼓を叩いてみたい！」という思いから，商店街に出かけ，大きな缶を集めました。

　12月，Aさんの父親がセネガルに里帰りすることを聞き，その前に3日間教室に来て，太鼓のリズムを教えてほしいとお願いしました。3日間，子どもたちは，耳，目，心，体全体を使って学びました。

　Bさんは「Aさんのパパの太鼓のような音を出したい！」と思い，何回も練習しました。同じ缶を叩いても，プロの音色は違うことをしっかり聴き取っていたのです。

写真 8 - 1　本物の太鼓を叩いてみ　写真 8 - 2　これは，何の音に聞こ
　　　　たよ！　　　　　　　　　　　　えるかな
　出所：筆者撮影。　　　　　　　　　　　出所：筆者撮影。

　Cさんは，Aさんの父親や校長先生が「心がそろっていた」と言ってくれた演奏を自分でも「うまくできた」と実感していました。「こんなふうになりたい」というイメージが明確になったのです。

　Dさんは，Aさんの父親がセネガルから帰ってくるまでにみんなの気持ちがそろう演奏をしたいと思いました。今よりもっとよくなって，それをAさんの父親に聴いてもらいたいと考えていました。

　本物から学ぶものは大きい，と改めて感じました。子どもたちがどんどん変わっていくのがわかったからです。太鼓の音色だけでなく，活動後の文章もどんどん書けるようになりました。「たいこをたたいてつかれたけど，なんだか力がわいてきます」とEさんが書いていました。Aさんの父親の太鼓によって子どもたちの感性が刺激され，自分たちもやってみたい，思いや考えを表現したいという学びに向かう力がどんどん引き出されていくのを感じました。

　2月，大きな缶を集めてくださったお礼に商店街でのコンサートを開催しました（写真 8 - 3）。1月に行った国際交流会館でのコンサートでは，「真剣すぎて笑顔がないよ。音を楽しんでね」とアドバイスしてくれた母親たちからも「笑顔がいっぱいで音を楽しんでいて，すごくよかったよ！」とほめてもらえました。

　学校に帰り，書いてもらったアンケートを読みました。「今まではアドバイスがあったけど，今日は『きらきら』ばっかりだ。勇気とやる気をいっぱいもらったよ！」とFさん。「商店街の方から『これからも商店街を明るく元気にしてください』と花束をプレゼントされてとてもうれしかっ

写真8-3　商店街でのコンサート
出所：筆者撮影。

た。私たちも何かあげたかったけど あげられなかったから残念」とＥさんが言いました。そのとき，Ｄさんが「私たちは，元気や笑顔や楽しい音の見えないプレゼントをあげているよ！」と話し出したのです。「なるほど！　そうだね。元気や笑顔や楽しい音をみんなにあげているよ」「Ａさんのパパが太鼓を聞かせてくれたとき，音って楽しいってことをプレゼントされた。そして自分たちが太鼓を叩くと，きらきらやアドバイスをたくさんもらえるし，自分たちも見えないプレゼントをあげられる」「今度の文化祭では今日よりもっと太鼓の演奏をがんばりたい。3月にＡさんのパパが帰ってきたら聞いてもらってほめてもらいたい」。次から次へと自分たちの気持ちを語る子どもたち。みんなの言葉を黒板に書きながら胸があつくなりました。

　「私たちも何かあげたかったな」とＥさんがつぶやかなければ「見えないプレゼント」をあげていることに気づかなかったかもしれません。自分たちの活動をホットなうちに振り返ることで気づきの質が高まるのだと改めて思いました。そして，言葉の交流だけでなく，表情やしぐさ，態度などの感情の交流も重視することの重要性を改めて感じました。

　「小学校学習指導要領解説　音楽編」では，「幼児期は自発的な活動としての遊びを通して，周りの人や物，自然などの環境に体ごと関わり全身で感じるなど，活動と場，体験と感情が密接に結び付いている。小学校低学年の児童は同じような発達の特性をもっており，具体的な体験を通して感じたことや考えたことなどを，常に自分なりに組み換えながら学んでいる[*3]」としています。こうした小学校低学年の児童の発達の特性をふまえ，他教科等における学習により育まれた資質・能力を学習に生かすことで，より効果的に資質・能力を育むことにつながり，各教科の特質に応じた学習へと分化していく学習に円滑に接続

＊3　文部科学省「小学校学習指導要領解説　音楽編」2017年，p. 120。

していくことができるようになります。以上のようなことから，教科等間の関連を図った指導の工夫を行うことが重要なのです。

　この活動で子どもたちは，太鼓奏者であるＡさんの父親の叩く太鼓の音色のように太鼓を叩いてみたいという思いをもち，必要性を実感しながら，思いに合った表現をする活動を通して，「小学校学習指導要領」の音楽科の小学校1・2年生の内容に「思いに合った表現をするために必要」な技能として示されている以下の(ｱ)から(ｳ)を身につけることができました。[*4]

(ｱ)　範奏を聴いたり，リズム譜などを見たりして演奏する技能

(ｲ)　音色に気を付けて，旋律楽器及び打楽器を演奏する技能

(ｳ)　互いの楽器の音や伴奏を聴いて，音を合わせて演奏する技能

　また，「小学校学習指導要領解説　音楽編」の第4章「指導計画の作成と内容の取扱い」に示されているように，児童が自分たちの演奏を披露することで学校内外における音楽活動とのつながりを意識できるようにすることが大切です。[*5] そうすることで，音楽科の目標(3)「楽しく音楽に関わり，協働して音楽活動をする楽しさを感じながら，身の回りの様々な音楽に親しむとともに，音楽経験を生かして生活を明るく潤いのあるものにしようとする態度を養う」[*6] ことができたのです。

2　領域「表現」と図画工作科とのつながり

エピソード2　「音のはてな？　びっくり！　おんがくたい‼」
──たいこをつくろう・たいことわたし

「たいこをつくろう」では，用務員さんからはワックスの容器を，商店

＊4　「小学校学習指導要領」第2章「各教科」第6節「音楽」第2「各学年の目標及び内容」〔第1学年及び第2学年〕の2「内容」A「表現」の(2)のウ。

＊5　文部科学省「小学校学習指導要領解説　音楽編」2017年，p. 127。

＊6　前掲（＊4），〔第1学年及び第2学年〕の1「目標」の(3)。

街では一斗缶をいただき，畳屋さんからもらった畳の縁の布を肩掛けにして自分だけの太鼓をつくっていきました。素材が缶だったので，ビニールテープや製本テープなどで好きな色や形を切り取り，貼っていきました。

　一人一人が，太鼓の演奏を楽しみ，太鼓のリズムが大好きになってきた時期を捉え，「たいことわたし」（絵）の製作を始めました。太鼓の色は，想像を広げて自由に選べるようにしました。

　「太鼓とバチは，立体的にしたい」という子どもたちの思いから，太鼓の部分は，別の画用紙でつくることにしました。そして，バチは割り箸を貼り付けることにしました。

　自分の顔は，鏡を見ながらパスで描きました。頬の色を表すときにパスの上からティッシュペーパーでこする方法を教師がやって見せ，お試しコーナーには小さな画用紙を用意しておくことで，多くの児童がこする方法に挑戦することができました。

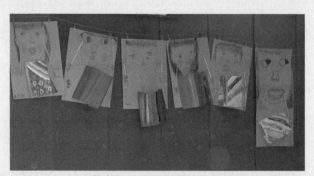

写真 8 - 4　たいことわたし

出所：筆者撮影。

　「小学校学習指導要領」では，図画工作科においては，「絵や立体，工作に表す活動を通して，感じたこと，想像したことから，表したいことを見付けることや，好きな形や色を選んだり，いろいろな形や色を考えたりしながら，どのように表すかについて考えること[7]」が大切だとされています。また，「小学校学習指導要領解説　図画工作編」では，幼稚園等において幼児期の終わりまで

＊7　「小学校学習指導要領」第2章「各教科」第7節「図画工作」第2「各学年の目標及び内容」〔第1学年及び第2学年〕の2「内容」A「表現」の(1)のイ。

に育ってほしい姿を考慮した指導が行われていることをふまえ，たとえば「思考力の芽生え」「豊かな感性と表現」などとの関連を考慮して学習計画を立てることが重要であると明記されました。^{＊8}

　子どもたちは，太鼓の演奏を通して感じた充実感や達成感を絵にしたいと思い始めました。「表したいことを見付ける」ことは表現の原動力とも言われています。このように，生活科を中心に合科的・関連的な指導を行うことで，子どもたちの表したいという思いに応えることができるのです。

3 領域「表現」とその他の教科とのつながり

1 他教科とのつながり

　領域「表現」の内容には音楽や造形，身体による表現が含まれているため，小学校の教科とのつながりでは「音楽」「図画工作」「体育」との関連性に目がいきがちです。しかし，子どもたちが日常生活のなかで美しいもの，優れたもの，心を動かされた出来事に出会いその感動を保育者や友達と共有することを大切にする領域「表現」は，身近な環境や人々と深く関わるなかで自分や自分の生活について考える「生活科」や，人との関わりのなかで言葉によって伝え合う「国語」とのつながりもあります。また，音や形，動きなどに気づいたり感じたりしたことを表現する際には多様な思考が伴い，それは「生活科」や「国語」のみならず，「算数」等あらゆる教科の学習につながります。

　ここでは，こうした他の教科と領域「表現」のより広い視点でのつながりについて考えてみましょう。

2 国語とのつながり

　領域「表現」と「国語」のつながりが見られた事例として，横浜市立池上小学

＊8　文部科学省「小学校学習指導要領解説　図画工作編」2017年，p. 110。

校のスタートカリキュラム[*9]における国語の授業を取り上げて考えてみましょう。

エピソード3　「やおやのおみせ」から「ひらがなやのおみせ」へ

　入学式の次の日のこと，担任の先生は子どもたちに「『やおやのおみせ』の手遊び知っている？」と尋ねました。子どもたちは「知ってる！　幼稚園でやったよ」「私たちの保育所でもやったよね」と大盛り上がり。最初は先生が先導して手遊びが始まりました。すると，一人の女の子が，「私やりたい！」と立ち上がりました。先生が前にくるように促すと，女の子は先生に「パンやのおみせでもいい？」と尋ね，他の子どもたちと一緒に「♪パーンやの　おみせにならんだ♪」と始めます。「カレーパン」「クリームパン」「食パン」……途中つかえて止まると他の子どもたちが「あんパンは？」などと助けながら手遊びは続いていきます。先生は子どもの椅子に座って他の子どもたちとニコニコしながら一緒に手遊びを楽しんでいます。最後は「フライパン！」と見事に韻を踏んで締めくくっていました。

　担任の先生が子どもたちの幼児期の経験をうまく引き出し，認めることで，子どもたちが活動に自信をもって参加し，みんなの前でやってみたいという思いが高まっていきました。担任の先生はこの「やおやのおみせ」の手遊びを「なかよしタイム」[*10]の活動の一つとしてスタートカリキュラムに位置づけていました。

　そして入学式の3日後，この「なかよしタイム」で楽しんだ「やおやのおみせ」を，担任の先生は「国語」の平仮名の時間に「ひらがなやのおみせ」にアレンジして，「国語」の言語活動として展開していきました。

　絵本『あいうえおうさま』（作：寺村輝夫，絵：和歌山静子）の詩のなかから1篇選んで「〇いつに〇みこむ〇ょうこをみつけ」のように共通する

＊9　**スタートカリキュラム**：小学校に「入学した児童が，幼児期の教育における遊びや生活を通した学びと育ちを基礎として，主体的に自己を発揮しながら学びに向かうことが可能となるようにするための」カリキュラムのこと（文部科学省・国立教育政策研究所教育課程研究センター（編著）『発達や学びをつなぐスタートカリキュラム──スタートカリキュラム導入・実践の手引き』学事出版，2018年，p. 2）。

＊10　池上小学校のスタートカリキュラムでは，「あそびタイム」（友達と誘い合って自由に遊べる時間），「なかよしタイム」（安心感をもち，新しい人間関係を築いていく時間），「わくわくタイム」（生活科を中心とし，各教科等と合科・関連を図って主体的な学びをつくっていく時間），「ぐんぐんタイム」（なかよしタイムやわくわくタイム，日常生活で子どもが示した興味や関心を教科等の学習へつなげる時間）の4つの時間が設定されている。

ひらがなを隠した詩の拡大コピーを
黒板に貼りつけ，子どもたちはみん
なでこの〇に共通するひらがなを考
えます。今日のひらがながわかると
子どもたちは，一人一人ノートにそ
のひらがなのつく言葉を思いつく限
りたくさん書きだし，その言葉を使
って最後にみんなで「♪ひらがなや
さんの　おみせにならんだ♪」と手
遊びをすることで，さらに今日のひ

写真8-5　たくさん言葉を見つけ
たよ！

出所：筆者撮影。

らがなに親しみます。「よく見てごらん，考えてごらん」で手をあげて指
名された一人が「師匠（ししょう）」などと考えた言葉を言い，その意味
がわかった子どもたちが口々にその意味を「先生のこと！」のように答え
ていきます。子どもたちは自分の考えた言葉や友達の考えた言葉の意味を
言いたいと張り切って手遊びを通してひらがなの学習を進めていました。

　池上小学校では，このようにして，幼児期に親しんだ手遊びをなかよしタイ
ムに取り入れ，その手遊びをぐんぐんタイムにつなげ，子どもたちが興味・関
心をもって主体的に学習に取り組めるような工夫をしていました。音楽，身体，
言語表現の入り交じった手遊びという総合的な表現活動を「国語」の「ひらが
な」の学習に見事につなげた事例と言えるでしょう。
　横浜市は「幼児期における遊びを通した総合的な学びを生かし，子どもの思
いや願いに沿った学習や，具体的な活動や体験をきっかけにして各教科等につ
なげる学習を大切にする[11]」としています。低学年，特に小学校入学直後の子ど
もたちはまだ幼児期の遊びを通した総合的な学びの位相にあります。幼児期の
領域ごとに分断されない総合的な学びの在り方を小学校の教科の学習に取り入
れていくことで，子どもたちの興味・関心に沿った，主体的に取り組める授業
が展開されていくのです。

＊11　横浜市こども青少年局・横浜市教育委員会『横浜版接続期カリキュラム（平成29年度版）　育
　　ちと学びをつなぐ』2018年，p. 46。

まとめ ··

　領域「表現」と小学校の各教科とのつながりを考えるうえで重要なのは，心と体を一体的に働かせて学ぶ低学年の特性に鑑みて，小学校教育においても幼児期における遊びを通した総合的な学びの方法を生かすことです。また，具体的な活動や体験を通して感性を豊かに働かせるとともに，身近な人や出来事等から気づきを得て，考え，表現していけるような教科間の関連を意識した単元の工夫をしたり，子どもたちの経験や思いを大切にしたりしながら授業を展開していくことです。そうすることで，幼児期に育まれた資質・能力が，各教科等の資質・能力においても生かされ，幼児期の教育が低学年，中学年以降の教育と円滑に接続していきます。

　その際，核になるのが「幼児期の終わりまでに育ってほしい姿」です。幼児期には，遊びや生活を通した総合的な指導のなかで資質・能力を十分に育み，子どもたちが「幼児期の終わりまでに育ってほしい姿」を発揮できるように支援していきます。そして小学校側ではこの姿を子どもの実態として学習計画に生かすことで，子どもたちが主体的に，自信をもって小学校での学習に取り組めるようにしていくことが求められているのです。

··

 さらに学びたい人のために

○横浜市こども青少年局・横浜市教育委員会『横浜版接続期カリキュラム（平成29年度版）育ちと学びをつなぐ』2018年。

　　横浜市における，小学校就学へ向けての幼児期のアプローチカリキュラムと小学校入学後のスタートカリキュラムについての考え方，実際のカリキュラム例，実践事例が，わかりやすく解説されています。

○文部科学省・国立教育政策研究所教育課程研究センター（編著）『発達や学びをつなぐスタートカリキュラム──スタートカリキュラム導入・実践の手引き』学事出版，2018年。

　　幼児期からの発達と育ちをどのように小学校のカリキュラムにつないでいくのか，スタートカリキュラムの理念と教科横断的な指導の在り方，実践事例について広く解説されている本です。

第9章

身体を介した表現と指導法

学びのポイント

- 子どもの身体を介した表現というものが，周囲の環境との応答性や，心の動きなどと一体的であることについて学ぶ。
- 子どもが自分自身の身体を介した表現に出会うことができるための環境構成や情報機器などの活用方法について学ぶ。
- 子どもたちの身体を介した表現を遊びや生活のなかでより豊かにするための保育の構想について学ぶ。

WORK　身体を同じように動かす姿から見えること

　ブランコに同じように乗る二人の子ども（3歳児）の姿から，彼らがなぜ同じ動きをしているのか，そこにはどのような意味があるのかを考えてみましょう。

1．まずは一人で考えてみましょう（3分）
　「同じような身体の使い方をしている理由」と「そのときの子どもの気持ち」について自分の考えを書いてみましょう。

2．グループに分かれて話し合う（15分）
　自分の考えをグループ内で発表し，子どもの身体の動きにはどのような意味があるのかについて考えを出し合ってみましょう。そして，グループとしてこの写真の子どもたちの身体の使い方にはどのような意味があるのかを三つに絞ってみましょう。

　※グループごとに発表をし，内容を板書しながら，他のグループの読みとり方を知ることで自分たちの読みとり方を振り返ることができるようにする。

● 導　入 ● ● ● ● ● ● ● ● ●

　本章では，子どもたちの身体を使った表現をどのように読みとり，そしてそれら
をもとにどのように保育を構想していくのかを学びます。
　子どもたちが日常的に身体を使って多様な表現をしていることを理解し，それら
の姿から子どもたちの今を読みとり，子どもたちと共に保育をつくるために保育者
がどのような役割をもつのかを考えます。そして，子どもたちの多様で豊かな表現
を支えることが，子どもたちが感じたことや考えたことを自分なりの表現に生かす
ことにつながっていくということを理解してください。

● ● ● ● ● ● ● ● ●

1 表現をする存在としての子ども

　「身体を介した表現」と聞いてみなさんはどのようなことを思い浮かべるで
しょうか。保育者養成校の1年生に質問をしたところ「ダンス」や「体操」と
いう何かのために目的をもって身体を動かすという活動に関する答えが多く聞
かれました。その他にも「かけっこ」「泥だんごづくり」「運動会」「砂場遊び」
という子どもたちが体を動かしている姿が目に浮かぶ答えもありました。
　しかし，身体を通して表現をする子どもの姿を考えたときには，次のような
姿も見えてきます。
　登園する子どもたちの姿を思い浮かべてください。
　小走りに駆けてくる姿からは「早く昨日の遊びの続きをしよう！」という意
思を，スキップをしながらやってくる姿からは子どもの高揚感を，ゆっくりと
下を向きながら歩く姿からはその日の不安感を，私たちは読みとることができ
るのではないでしょうか。また，保護者の胸から保育者へ手を伸ばし，保育者
に抱かれながら笑顔で気持ちを切り替える乳児の動きからは安心感を，保護者
から離れがたく，身体を固くして離れようとしない子どもの姿からは不安さを
読みとることもできます。このようにして，子どもたちの姿を読みとるとき，
彼らは常に身体を通して表現をする存在であり，その表現は心と一体的である
と捉えることができるのではないでしょうか。

　津守（1987）は，自らが子どもたちと交わるなかで，子どもたちの行為その
ものが表現であること，子どもの行為を子どもの世界の表現として読みとるこ
との大切さについて次のように示しています。[*1]

　　子どもと交わる日々の生活の中で出会う子どもの行為は，子どもの世界の
　　表現である。外部から第三者によって客観的に観察される行動は，子どもの
　　なす行為の一部である。子どもの生活に参与する保育の実践においては，お
　　となは子どもと一緒に生きているから，子どもを対象化して観察していない。
　　子どもとの応答の中で，自分の全感覚をはたらかせて，子どもの行為を知覚
　　し，子どもの世界に出会う。そこで知覚された行為は子どもの世界の表現で
　　ある。

　また，子ども一人一人を尊重し，創造的な体験によって子どもたちの個性を
引き出す幼児教育として紹介されたイタリアの「レッジョ・エミリア・アプロ
ーチ」の実践における身体性ついて，佐藤（2011）は次のように示しています。[*2]

　　子どもたちは身体を動かすことと考えることを分けてはいません。子ども
　　たちは身体とともに学ぶのであり，このことはあらゆるときに起こっている
　　ことです。

そこでは，子どもたちのこんな言葉が紹介されています。

「身体で聴くことができる。」（エリア，4歳）
「考えたことは脳の中にある……ぼくたちは考えたことを，顔で，足で，お
なかで耳に届けなければならないんだ。」（モーガン，5歳）
「声なしに話すときは，身ぶりによって話してる。だから，身ぶりは理解す
るのに大切なんだ。」（アンドレアス，5歳）

ここからも身体による表現と心の一体性が見えてくるのではないでしょうか。

＊1　津守真『子どもの世界をどうみるか──行為とその意味』NHK出版，1987年，p. 134。
＊2　佐藤学（監修），ワタリウム美術館（編）『驚くべき学びの世界──レッジョ・エミリアの幼児
　　教育』東京カレンダー，2011年，p. 274。

保育者は目の前の子どもと応答的に関わるときに，子どもたちの身体の動きに
子どもたちの心を読みとります。また子どもたちも同様に，大人の身体の動き
から大人の心を読みとっているのです。

　このように見ていくと，身体を介した表現というものは，子どもの身体の動
きそのものでもあり，その動きを表現としてどう捉えるかということが保育者
に求められているということがわかります。身体を介した表現には言葉と同じ
だけ情報があり，それを読みとることが保育者の役割であるとも言えます。

2 身体の表現がもつ意味

1 3歳未満児の子どもたちの姿から

　生まれたばかりの乳児は，自分が身体を動かすことに伴う外界の動きにとて
も敏感です。生まれたばかりの乳児が，周りからの刺激や働きかけに対して動
くことは「原始反射」と言われています。それに対して，3か月頃になって見
られるようになる「何かしたい」という目的や意思をもった身体の動きを「随
意運動」と呼びます。

　多くの乳児に見られる身体的な行動の一つに，自分の手を持ち上げてじっと
見るという「ハンドリガード（熟視）」というものがあります。自分の手だと
わかって見ているというよりは，目の前にある手を見ているうちに，「こうし
たら動いた」ということに気づき，目の前にあるのは自分の手だと認識をする
ようになっていくと考えられています。手を見たり，なめてみたりしながら，
自分の身体を自分のものと確認し，その取り扱い方を理解していくと言われて
います。

　乳児が身体を動かすということは，身体を動かすという行為が外の世界を変
化させることを学習している過程であるとも考えられています。また，保育の
場での乳児の観察を行った研究からは，乳児期初期において子どもたちが「手
を伸ばす」という身体の動きを通して相手への関心を示しているということも
指摘されています。[*3]

乳児期の子どもたちの保育における 3 つの視点のなかの一つである「身近なものと関わり感性が育つ」に関しての「内容の取扱い」の②では，この時期の子どもたちの表現について次のように書かれています。[*4]

> ② 乳児期においては，表情，発声，体の動きなどで，感情を表現することが多いことから，これらの表現しようとする意欲を積極的に受け止めて，子どもが様々な活動を楽しむことを通して表現が豊かになるようにすること。

　乳児の保育においては，子どもの表現は身体の動きだけではなく，複合的なものであるということを保育者が理解をし，その子どもの細やかな表現を読みとりながら，保育者も表情，発声，体の動きなどを使って豊かな働きかけをすることが重要になってきます。
　次に，保育場面のエピソードから考えます。

エピソード1　ゴロンと横になりながら（1歳児クラス）

　保育室前の廊下に寝転がって右肩を床につけながら体を揺すっているケンジ（1歳4か月）がいる。戸外から戻ってきたカオル（1歳6か月）が廊下を歩いてきたところ，ケンジの横を通ったときに同じように廊下に寝転がって右肩を床につけながら体をゆすり始めた。横になっているため，顔を見合わせることもないが，しばらくの間同じ動きをして，ケンジが立ち上がって保育室に戻ると，カオルも立ち上がって保育室に戻った。

　乳児期の子どもたちにとって自分の体を思いどおりに動かすことができることは大きな喜びです。自分の身体を自分の意図で動かすことができることは，子どもたちの世界を広げます。上記のエピソードに似た場面は，保育の場でよく目にすることがあります。須永（2007）によれば，乳児がお互いに無意識の

---

*3　遠藤純代「0歳児後半における子ども同士の交渉」日本保育学会（編）『保育所と幼稚園との関係』フレーベル館，1988年，pp. 155-171।
*4　「保育所保育指針」第2章「保育の内容」の1「乳児保育に関わるねらい及び内容」(2)「ねらい及び内容」のウ「身近なものと関わり感性が育つ」の(ウ)の②。

うちに相手と体の動きを合わせていく「共振」によって相手との快の情動を共有することができるとしています[5]。

　乳児期の子どもたちの身体表現には，自覚的な体の動きを伴うと同時に，周囲の環境に影響を受けながら「思わず身体が動いてしまう」といったものもあります。このような他者の身体との共振は，乳児期の子どもにとっての身体表現の一つとも言えます。

エピソード2　隣り合いながら（2歳児クラス）

　園長（筆者）が園庭のテラスに座っていると，車に乗ってハルト（2歳1か月）とコウタ（2歳5か月）がやってきた（写真9-1）[6]。ハルトが指をさして「えんちょうせんせい」と言うと，コウタも指をさして「えんちょうせんせい」と言った。

　お互いに言葉のやり取りをすることもなく，同じようにフロアカーから降り（写真9-2），同じように砂を手にして（写真9-3），同じようにフロアカーのシートを開けて砂を入れ始めた（写真9-4）。この間，二人の間では言葉が交わされることはなかった。その後，ハルトが車に乗って砂場に向かうと，コウタも車に乗って砂場に向かい，車を降りるとそれぞれが同じスコップを手にして砂場で遊び始めた。

写真9-1　乗り物に乗ってやって　　写真9-2　乗り物から降りる二人
　　　　　きた二人（2歳児）

＊5　須永美紀「共振から共感へ」佐伯胖（編）『共感——育ち合う保育のなかで』ミネルヴァ書房，2007年，pp. 39-73。

＊6　本章の写真はすべて，筆者が園長を兼務する園（植草学園大学附属弁天こども園；千葉県，千葉市）で筆者が撮影したものである。

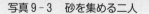

写真9-3　砂を集める二人　　　写真9-4　砂を乗り物に入れる二人

　ハルトはコウタに「一緒に行こう」とは声をかけていません。共に園長を指さしていますが「園長先生だ（ね）」と同意を求めてもいません。それでも，同じように砂を手にして，同じタイミングで車のなかに砂を入れ，そしてその直後，ハルトの動きを追うようにコウタが車で砂場に向かいました。コウタがハルトの後を追って砂場に向かったのは，同じ動きをしているうちに二人の間に結びつきが生まれたのかもしれません。傍にいる人の動きに共振することから，その動きは表現として外に開いていき，他者との関わりの様相を見せます。この時期の子どもたちにとって身体を介した表現というものは，他者との関わりのきっかけともなると考えられています。

2　幼児期の子どもたちの姿から

　幼児期の子どもたちが，遊びのなかで他者と同じあるいは類似の動きをするなどの同型的行動に注目した砂上（2012）は，「他者と同じ動きをすることは，対人コミュニケーションの基底となる身体の情動価（vitality affect）の表出と感受を基盤としている。他者と同じ動きをすることは，『自分』にとっては内受容的な身体感覚に，『他者』にとっては視覚を通して，仲間意識に実在感を与えるといえる[7]」と指摘しています。

　幼児期の子どもたちの身体の動きを見るとき，そこに他者との関わりのなか

＊7　砂上史子「幼稚園における子ども同士の同型的行動の研究」（白梅学園大学大学院子ども学研究科博士課程学位論文），2012年，p. 6（未公刊）。

で生まれる動きがあることに気づきます。身体の動きから生まれる関係性もあれば，仲間意識から生まれる身体の動きもあるということです。

エピソード3　バスごっこ（3歳児クラス）

保育室内でダイチがイスを並べてバスの座席をつくり，保育者と一緒に「バスにのって」という歌を歌いながら運転ごっこをしていた。歌に合わせて身体を傾けてカーブを曲がったり，でこぼこ道で体を揺らしたりしながら遊んでいると，ケンジがやってきてダイチの後ろにあったイスに座った。すると，同じようにバスの運転手になり歌に合わせて身体を動かし始めた。そのうちにダイチと保育者がバスの座席に見立てて並べたイスには6人の子どもが座り，同じように歌に合わせて体を動かして遊んだ。

歌が終わり，ダイチが「到着しました」と言うと「ありがとうございました」という子どももいれば「次は○○に行ってください」と頼む子どももいた。

この事例からは，歌というリズムに合わせて身体を動かす姿が，そばにいた子どもの身体の動きを誘発し，身体の動きを同じくすることが遊びとなり，それが他の子どもとの「バスごっこ」につながっていくという，この時期の遊びの特徴的な姿を見ることができます。

身体を動かすということは，随意的に自分で動かそうという側面，周りの刺激に応答して動いてしまったという側面があります。それらの身体の動きは，周りとの関係性に影響するものであるということがわかります。

エピソード4　踊りのあとで（4歳児クラス）

保育室でハルカとミライが同じ布をスカートのように身に着けて，割り箸の先位にリボンを付けたものを振りながら音楽に合わせて踊り始めた。お互いに映画の主人公になりきって踊るうちに，段々と身体の動きがシンクロしてきた。曲の終わりで二人の動きは同じになり，最後のポーズはまったく一緒であった。曲が終わると二人は手をつないでままごとコーナー

> に行き，ごっこ遊びを始めた。

　この事例からは，一緒に遊んでいたハルカとミライが音楽に合わせて踊るうちに，お互いに身体の動きを意識しながら「動きを合わせる」ということを通して関係性を深めていく過程を読み取ることができるのではないでしょうか。曲が終わったときに顔を見合わせて，手をつなぎながら次の遊びに移っていく姿から，二人の仲間意識が強まっていったことが感じられます。

　子どもたちが遊びのなかで動きを合わせているとき，そこにはお互いの身体の動きを意識することで，それが同型的になり，子どもたちの仲間意識を深めることにもつながっているということを読みとることができるのです。この時期の子どもたちにとっては，同じものを持ったり身につけたりすることが仲間意識をもつきっかけにもなりますが，そこには身体の動きを伴うことも含まれることがわかります。

3　自分の身体表現を見る子どもたち

　子どもたちを取り巻く環境のなかに，さまざまなデジタル機器があります。子どもたちは生まれたときからデジタルカメラやビデオで撮影されたり，日常的にスマートフォンなどで動画に触れたりしています。身近な他者の姿をデジタル機器を通して見るということだけではなく，自分自身の姿を撮られることにも慣れ，どのように撮られているのかを意識する姿も見られます。

> **エピソード5　生活発表会のリハーサルで（4歳児）**
> 　生活発表会に向けての活動のなかで，子どもたちと何度かステージで本物の劇団のようにリハーサルというものをしてみようということになった。担任が「本物の劇団では，自分たちの劇をビデオで撮って後で見て話し合ったりするらしいのだけれどもやってみる？」と投げかけた。すると，子どもたちも乗り気になり，劇「三匹のやぎのがらがらどん」のリハーサル

をデジタルカメラで撮ることになった。
　リハーサル後に，保育室に戻り，プロジェクターで映画のように自分た
ちの劇を見ていたところ，トロル役の子どもたちが役になりきっておどろ
おどろしく出てきた場面で「すごい！」と拍手が起こった。一方，数名で
ヤギの役をしていたショウが，他の子どもたちと動きや声を合わせること
になっていた場面で，友達に手を振ったり，違った動きをしたりした場面
になると，周りの子どもたちは「おもしろい！」と言ったが，ショウは無
言で下を向いた。
　翌日の劇場ごっこのリハーサルでは，トロルはよりおどろおどろしく演
技をし，ショウもヤギ役の仲間と一緒に声や動きを合わせてなりきって演
じる姿が見られた。

　この事例からは，自分自身の身体を介した自覚的な表現を客観的に見て，子
どもたちが自己を振り返ることで，表現を高度化させていこうとする姿を読み
取ることができます。
　トロルの役になりきった子どもたちは，演じているときには見ることのでき
ない自分たちの姿が，友達に認められることの喜びを感じるのと同時に，自分
たちがどのような身体の動きをしていたかを客観的に見ることで，身体を使う
ということのおもしろさを感じたのではないでしょうか。また，自分の表現を
客観的に見ることで自分と向き合ったショウが，表現の方法を変えていく姿か
らは次のようなことが考えられます。自分の身体を介した動きを客観的に見る
ことを通して，子どもたちは自分の意図を伝えるための身体を介した表現が，
実際にどのように伝わっているのかを認識することができます。そしてそれは，
よりよくありたいという子どもたちの意欲を引き出す可能性につながると考え
られます。幼稚園教育要領の領域「表現」の内容の取扱いで「他の幼児の表現
に触れられるように配慮し」と示されているように，表現を高度化していく過
程において「見る，見られる」の関係を大切にしていくことが求められていま
す。

*8　「幼稚園教育要領」第2章「ねらい及び内容」の「表現」3「内容の取扱い」の(3)。

3 身体を介した表現や遊びが生まれる保育のために

　子どもたちの表現を支える基盤は，新しい幼稚園教育要領等でも示されている「子どもの主体性を尊重する保育」「遊びを通しての総合的な指導」「環境を通して行う保育」です。

　子どもの主体性を尊重するということは，子どもの身体の動きを，その子どもの今の在り方として保育者が肯定的に理解しようとする態度から始まります。事例を通して見てきたように，子どもたちは，保育のなかで言葉を介さずとも身体的な対話を通して遊びに向かいます。榎沢（2018）は「保育者が子どもの身体を受け入れることができるためには，保育者の身体が子どもを受け入れられるものでなければならない[*9]」と指摘しています。保育者がその責務として懸命に子どもの行為を受け入れようと思っていても，その子どもと対面している保育者の身体が緊張していたり，強張ったりしていると，子どもはそのような保育者を受け入れることはできません。保育者と子どもとの関係において，相互に受容的であることが互いの主体性を尊重することになるのです。心地よい関係づくりのポイントとしては，子どもたちが身体全体で表現していることをおもしろがることを意識して受容し，保育者自身も身体全体で応答していくということだと言えます。それは，元気いっぱいに身体を動かすということだけではありません。子どもたちが安心して保育者を受容できるように，共感的な対話をおもしろがりながら，その手立てを保育者自身が見出していくということが求められます。

　たとえば，ようやく歩き始めた子どもが保育者のほうに向かって手を広げながら歩いてくるとき，子どもと同じように手を広げながら笑顔で子どもを迎え入れる。そのときに子どもが身体を揺らしていたら，保育者も同じように身体を揺らして子どもの動きに合わせる。そんなときに保育者は「楽しいね」「うれしいね」と自然と声をかけているでしょう。そのような関わりはまだ言葉を

＊9　榎沢良彦『幼児教育と対話──子どもとともに生きる遊びの世界』岩波書店，2018年，p. 196。

もたない子どもたちの表現を肯定的に支える保育者の援助となります。

　遊びのなかで，子どもたちは自然と身体を動かしています。歌いながら踊り，走りながら歌う。何かになりきって遊ぶときの身体の使い方を見ると，心身が一体となって遊びに向かう姿を想像できるのではないでしょうか。この時期の子どもたちにとっての表現は身体の動きを伴ったものが中心であるということを意識しながら，言葉や動作，リズムなどを分けるのではなく，合わせた形で指導していくことが望まれます。

　たとえば，子どもがリズム遊びで音楽に合わせて元気に踊るとき，子どもたちが何に楽しさを見出しているのかを読み取ることも必要でしょう。どのように身体を使っているのか，一緒に踊りながら保育者が感じることも大切です。身体を動かすだけではなく，リズムを感じたり，声や音に気づいたりできるように「声と身体が一緒に動いているね」「そこに声が入るとおもしろいね」などと，具体的に子どもの動きに多様な意味をもたせながら，表現することのおもしろさや豊かさに気づかせていくというような働きかけも表現を支える指導になります。

　子どもたちが身体を表現の手段として使うことを楽しむことができる環境とはどのようなものでしょうか。他者との関わりのなかで子どもは相手の動きに応答しながら対話をしています。今を生きる子どもたちは，メディアの影響もあり記録された自分自身の動きを見るということが日常になりつつあります。自分自身の身体の動きを他者を通してではなく，自分自身の目で振り返ることを通して，自分の身体を自分の意思で表現の手段として使えるようになっていくという体験が遊びのなかでできる環境を整えるということも考えられます。

　本章では，子どもたちの身体を介した表現がもつ意味について，また心と身体の一体性について，事例を通して考えてきました。子どもの身体を介した表現から子どもたちの育ちを読み取ることを保育者の役割として意識し，子ども理解を深めてください。

まとめ ··········

　子どもたちの身体を介した表現には素朴な一面もありますが，そこには必ず意味があります。保育者がそのことを理解し，子どもたちの心と身体が一体となった表現に共感をしながら子ども理解を深めていくことで，子どもたちの表現はより多様に，より自由になっていきます。そのために保育者に求められるのは，子どもが自ら身体を動かしたくなる環境の構成です。自らがさまざまな表現を楽しむことができるようになるには，その表現を肯定的に受け止め理解する保育者や，互いに共感し合える仲間の存在も大切となります。子どもたちの表現を「できた，できない」で評価するのではなく，表現しようとしている姿やその過程を大切にすることを心がけましょう。

 さらに学びたい人のために

○佐藤学（監修），ワタリウム美術館（編）『驚くべき学びの世界──レッジョ・エミリアの幼児教育』東京カレンダー，2011年。

　子どもたちが多様で豊かな表現手段をもっていることを教育実践を通して明らかにしてきたレッジョ・エミリアアプローチが紹介されています。子どもを理解するためにどのような心構えが必要なのかを考えさせてくれる本です。

○津守真『子どもの世界をどうみるか──行為とその意味』NHK出版，1987年。

　子どもの行為には必ず意味があることを，保育者は日々の子どもたちの表現を省察することで理解していこうとする存在であること。子どもたちの願いと共にある存在としての保育者について書かれた本です。

○岸井慶子『見えてくる子どもの世界──ビデオ記録を通して保育の魅力を探る』ミネルヴァ書房，2013年。

　ビデオ記録を用いたカンファレンスを通して，その意義を明らかにしながら，子どもたちの身体を介した表現の意味，子ども理解を丁寧に読みとるためのアプローチの仕方が紹介されています。

第 10 章

モノを介した表現と指導法

● ● ● 学びのポイント ● ● ●

• 乳幼児の日常の何気ない素朴な造形表現（モノを介した表現）を学ぶ。
• 乳幼児の造形表現の具体的な援助（直接・間接：モノの環境構成など）を学ぶ。
• 乳幼児の造形表現における保育構想や評価方法を学ぶ。

WORK　子どもが楽しんでいることの理解について

　下の写真を見てください。ある幼稚園の3歳児クラスのある子どもの行動です。園庭にある草花の茎をちぎり，その茎をバケツの水に漬け，水のついた茎を保育室から持ってきた画用紙につけて動かしています。

1．二人ペアで話し合う（5分）
　この子どもは，どういうことを感じて，楽しんでいますか？　感じていること，楽しんでいることをできるだけ多く出し合ってみましょう。

2．グループで話し合う（15分）
　二人ペア同士を2組（4人）～3組（6人）の一つのグループにして，この子どもが感じていること，楽しんでいることと，それのどこが楽しいのか（楽しんでいる理由）をグループ内で話し合ってみましょう。

3．グループごとに発表する（整理10分，発表時間1グループ5分）
　「2.」で話し合ったことを整理して，発表してみましょう。

● 導　入 ● ・ ・ ・ ・ ・ ・ ・

　約30年前に，それまでの保育所保育指針等の保育内容で示されていた 6 領域「健康・社会・自然・言語・音楽リズム・絵画製作」が，5 領域「健康・人間関係・環境・言葉・表現」となりました。この領域の捉え方は，従来の 6 領域とは違い，5 つの窓口から子どもの発達を理解していくという主旨であり，領域「音楽リズム」「絵画製作」が単に「表現」に変わったということではありません。この領域「表現」については，子どもの表現は総合的であり，子どもの生活・遊び・感性・表現それぞれがしっかりつながっていることが重要視されたのです。現在の保育所保育指針等でもそのコンセプトは，しっかりと位置づけられています。

　実際に子どもたちの生活や遊びでの何気ない行動をしっかりウォッチング（観察）していくと，感じたことや考えたことを自分なりに表現することを通して，豊かな感性や表現する力を養い，創造性を豊かにしている姿が見られます。

　造形表現については，6 領域時代の「製作活動」という言い方をして，子どもの感性や興味・関心から出発せずに，上手（写実的）に描いたり，つくったりした結果だけで子どもを理解しようとしていることがしばしば見受けられます。本章では，このような理解ではなく，子どもの感性と造形表現のプロセスを重視しながら，それらを理解し，造形表現をより豊かにしていくための留意点や援助（直接・間接）について考えていきます。

・ ・ ・ ・ ・ ・ ・ ● ● ●

1　感性と造形表現について

　保育内容「表現」が，感性と表現の領域と位置づけられていることから，ここでは，感性と造形表現について考えていきます。表現全体のプロセスを「すべての感覚器官で感じて（感性）⇔考えて（イメージして）⇔行動して[*1]」という視点で理解していくことがポイントです。

＊1　平田智久・小林紀子・砂上史子（編）『保育内容「表現」（最新保育講座⑪）』ミネルヴァ書房，2010年，p. 8。

1　感性について

「感性」とは，何でしょうか？

辞書を引いてみると「外界からの刺激を直観的に印象として感じ取る能力」「感受性」「……が鋭い」「豊かな……をもつ人」とあります[*2]。また別の辞書では「感覚によって呼び起こされ，それに支配される体験内容。従って，感覚に伴う感情や衝動・欲望をも含む」とあります[*3]。

もう少し具体的に言うと，感性とは「楽しい，気持ちいい，きれい，美しい，不思議だな，変だな，嫌だな……など，すべての感覚器官によって世界を捉える（受け止める）力＝理屈ではない体験」と言えるでしょう。「嫌だな」「何か違和感があるな」などのネガティブな感性も含んでいることがポイントです。

レイチェル・カーソン[*4]は，「わたしは，子どもにとっても，どのように子どもを教育すべきか頭をなやませている親にとっても，『知る』ことは『感じる』ことの半分も重要ではないと固く信じています」と述べ，子どもにとって，感性はとても大切であるとしています[*5]。

写真10-1，写真10-2は，ある朝，幼稚園に登園してきた5歳児の数人が，園庭にある手づくりの大型遊具のところで，「わー，けむりがでているよ〜」「何でかな〜？」などと言っています。担任も，子どもたちと一緒に，子どもたちの声を聴きながら，応答的に「何でなんだろうね〜」と，この不思議な現象を約30分もの間，共に楽しんでいました。

このような自然界の現象などを日常の生活と遊びのなかで子どもも大人も応答的に共に不思議がり，共におもしろがることが，子どもの感性をより豊かにし，同時に表現をより豊かにしていくことにつながっていくのではないのでしょうか。

＊2　北原保雄（編）『明鏡国語辞典（第2版）』大修館書店，2010年。
＊3　新村出（編）『広辞苑（第7版）』岩波書店，2018年。
＊4　レイチェル・カーソン（Carson, R.；1907-1964）については，本書第1章の注（＊5）を参照。
＊5　レイチェル・カーソン，上遠恵子（訳）『センス・オブ・ワンダー』新潮社，1996年，p. 24。

写真10‐1　けむりの不思議を共に探る
　　　　　　子どもたちと保育者
写真提供：あんず幼稚園（埼玉県，入間市）。

写真10‐2　けむりの不思議をさらに共に
　　　　　　探り続ける子どもたち
写真提供：あんず幼稚園（埼玉県，入間市）。

2　造形表現について

　造形表現というと，絵を描いたり，空き箱などで何かをつくったりというイメージをもつことが多いかと思います。砂場で砂を使って型抜きを楽しんだり，丸い形をつくったり，拾った落ち葉を並べたり，石を並べたりなどのように，主にモノを媒介にして表現していくことも造形表現として広く捉えていくと，子どもの造形表現の理解の幅がより広がっていきます。さらに大事なことは，一人一人の子どもが感じて，考えて表現していくプロセスを大切にすることです。

　写真10‐3は，4歳児クラスの子どもたちが描いたキュウリの絵です。園の畑でクラス全体で時間をかけて育てたキュウリを収穫して，みんなで食べた後に，数人の子どもたちが「キュウリを描きたい」と言いました。担任はすぐに絵の具やほかの材料を用意し，描きたい子どもたちから描き始めました。子どもたちは，園の畑でキュウリを育て，食べるまでのプロセスのなかで，あらゆる感覚を駆使しながらキュウリを感じて，表していきます。一人一人の子どもの絵をじっくり見ていくと，一人一人の感じたこと，表したことが違っています。たとえば，キュウリの表面のボツボツした感触を感じて表したり，大きさ，小ささ，重さ，軽さなどを表したりと，一人一人の感じたこと，表していることが読みとれます。たとえば，この写真の上から3段目の左端の絵ですが，最

169

写真10‑3　キュウリを描く
写真提供：谷戸幼稚園（東京都，西東京市）。

初はキュウリの形を描いていたのですが，数種類の絵の具を使っていくと，絵の具が混ざり，画面全体が濃い緑色一色になっていきました。このような表現について，大人はキュウリを描いてほしいという思いを強くもってしまい，絵の具が混ざったことをネガティブに捉えがちです。しかし，この子どもは，何種類かの色が混ざっていくプロセス自体が次第に楽しくなって表現をしているのですから，そのプロセス全体をありのままに受け止めていくことが重要です。

2 子どもの主体的な造形表現の理解：オモシロサの視点

　子どものさまざまな造形表現をしっかりと理解（主に観察）しようとしていくと，一人一人の子どもの造形表現の違いがわかってきます。そして，適切な援助（直接・間接）のヒントが見えてきます。その理解の一つとして，造形表現におけるいくつかの「オモシロサ」の視点で考えてみると，子どもの造形表現がより理解しやすいかと思います。同時にそのオモシロサを「遊び」として捉えていくことがポイントです。オモシロサは大きく分けると８つあります。[*6]それぞれを具体的に考えていきましょう。なお，これらのオモシロサは，子ど

も一人一人によって違ってきます。

1 模索（手さぐり）のオモシロサ

　これは，モノとの出会い，あるいはモノとの対話と言ってもよいかと思います。子どもは自分の外の世界にあるモノに対して好奇心や興味・関心を抱き，すべての感覚器官を駆使してモノを見て，触ったり，保持したり，においを嗅いだり，舐めたりしながら，モノと出会い，自分とモノとの関係を感じ，モノと応答（対話）をしていきます。モノを触る（感触）について，たとえば赤ちゃんはおもちゃなどのモノを見て，触り，それを手で持ち，口に運び，舐めていきます。これは手の触覚もそうですが，唇の触覚，口のなかの触覚でモノの温度，表面の質感，固さ，柔らかさ，大きさ，小ささ，形状，重さ，軽さなどを感じているのです。

　子どもが，初めてサインペンを手に持ち，サインペンが画用紙に付いた跡が楽しくなり，サインペンを画用紙のさまざまな場所に押し続けていく行為そのものを楽しむことがあります。「子どもの場合，必ずしも，初めにはっきりとした必要性があって，かいたり，つくったりしているのではない。身近な素材に触れて，その心地よさに浸っていることも多い[7]」ということを理解しておくことが重要です。

　これらのことから，造形表現をあえて「描く」「つくる」に大きく分けて考えてみると，「描く」という行動の元は，「腕を動かすと跡が残る」ということ，つまり，腕を動かすことと，点や線の跡が残る関係性に気づくことです。「つくる」という行動の元は，手指などでモノに触ると，形が三次元に変化すること，その変化に気づくことなのです。

＊6　造形表現を「オモシロサ」の視点で8つに分けて捉えるというのは，ごっこ遊びについてそのオモシロサを5つに分類し検討した以下の書籍から着想を得た。
　　　八木紘一郎（編著）『ごっこ遊びの探究──生活保育の創造をめざして』新読書社，1992年。
＊7　厚生労働省「保育所保育指針解説」2018年，p. 281。

2　コレクションするオモシロサ

　園外に散歩をすると，子どもたちは石ころ，落ち葉，木の枝，木の実などの
自然物を拾うことを楽しみ，さらにそれらを集め，並べたりすることなどを楽
しんでいます。また，園庭の砂場でお団子をつくり，それを並べたりすること
も楽しんでいます（写真10-4）。保育室では，環境構成として用意されている
ペットボトルのキャップなどを集めて，机の上に並べたり，積み上げたりする
ことを楽しんだりしています。集めているモノをよく見てみると，たとえば葉
っぱを集めている場合，その子どものお気に入りの形や色の葉っぱを集めてい
ることがあります。これは，子ども独自の美意識の育ちの芽生えにつながって
いくのではないでしょうか。

3　形や色を表すオモシロサ

　意味のあるものや事柄をペン，パス，絵の具などの描画材で主に形や色にし
て表すことが多いと思いますが，園庭の土に指で描く（写真10-5），水で描く
（写真10-6）という素朴な遊びもオモシロサの一つです。
　時に子どもは，実際は複数の色があるモノを，絵の具やパスなどを使い一色
のみで描くという場合があります。それを見ると，保育者や保護者は，心理的
に何か大きな問題があるのではないかと心配を抱くことがあるかと思います。
しかし，筆者が多くの子どもの絵を見てきた経験から言えることの一つとして
は，子どもが描く対象となるものの形の大きさや，重さなどを強く感じた場合
や，迷路など物事の仕組み（構造）を強く感じた場合などには，何色もの色を
使わずに，比較的一色で描く傾向があります（写真10-7）。そのようなことも
読み取りながら，一人一人の子どもの表現を理解していくことが大切です。

4　位置関係を表すオモシロサ

　主に描く場合のオモシロサの一つです。これは，地面，地上，空などの空間

写真10 - 4　砂の団子を一列に並べる

写真提供：うめのき保育園（東京都，小平市）。

写真10 - 5　指で描く

写真提供：白梅学園大学附属白梅幼稚園（東京都，小平市）。

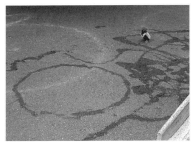

写真10 - 6　水で描く

写真提供：白梅学園大学附属白梅幼稚園（東京都，小平市）。

写真10 - 7　一色で大きな黒豚を描く

写真提供：あんず幼稚園（埼玉県，入間市）。

の位置関係を感じて表す際に，基底線や太陽などを象徴的に描くオモシロサで，上下，天地などの意味を理解しながら表しています（写真10 - 8）。たとえば，画面に基底線と太陽だけを描いている場合でも，その子どもなりの天地・上下を感じ，考えているプロセスとして肯定的に受け止めていくことが大切です。

5　リズムやバランスなどを表すオモシロサ

　たとえば，積み木を同じ形や色で積み上げる・並べる，違う色を交互に積み上げる・並べる，左右対称にバランスよく並べる，散歩や園庭で拾ってきた落ち葉を同じ色や形で並べる，また，ハートの形が描けるようになり，その形を

写真10-8　太陽や基底線など，位置
関係を描く
写真提供：白梅学園大学附属白梅幼稚園（東
京都，小平市）。

写真10-9　左右対称（シンメトリー）
に並べる
写真提供：白梅学園大学附属白梅幼稚園（東京
都，小平市）。

画面全体にたくさん，規則的にリズミカルに描いていく等々のオモシロサです。

　写真10-9は，3歳児クラスでの造形活動での一場面です。保育者は，ハサミに慣れるという大きなねらい（願い）があり，事前に色画用紙で数色のイカやタコの形をつくり，各イカやタコの足を切るようにまっすぐな線を数本引いておき，その線に沿ってハサミで切り，それを子ども各自が台紙に貼るという実践を行いました。その活動プロセスで，ある子どもが，イカとタコの形の色画用紙を数枚机の上に並べ出しました。その並べ方をよく見てみると，同じ形や色を試行錯誤しながら，左右対称（シンメトリー）に並べることを楽しんでいました。保育者としては，予想外の遊びでしたが，子どもと共にこの素敵な気づき，オモシロサを共有して楽しんでいました。

6　動きや，仕組み（機能）を表すオモシロサ

　たとえば，遠足で動物園に行った後にゾウを描く場合，ある子どもは，ゾウが早足で走っている動きの迫力に圧倒され，感動し，ゾウの足を4本だけでなく，マンガの表現のように何本も描く場合があります。また，空き箱等の素材でゾウをつくる際に，ゾウの鼻を動かせるようにしたいという思いから，動きの仕組みにこだわって表現することがあります。

　写真10-10は，5歳児クラスの普段から仲のいいグループ数人が，保育室に

写真10-10　メリーゴーランドをつく
り，まわす仕組みをつくる

写真提供：白梅学園大学附属白梅幼稚園（東
京都，小平市）。

写真10-11　つくった動物を自分と一
緒に連れて歩く

写真提供：白梅学園大学附属白梅幼稚園（東
京都，小平市）。

環境構成されていた空き箱などの廃材を使い，力を合わせて遊園地の世界をつ
くり始めました。「くるくるまわるメリーゴーランドもつくりたいね」という
ことで，回る仕組みをどのようにしようかと，子どもたち同士で何度も話し合
い，担任ともやりとりをし，試行錯誤しながら，担任にも援助してもらいなが
ら完成しました。

7　関係性（場面や状況）を表すオモシロサ

　たとえば，自分と家族がキャンプに行き，そこで家族と一緒に食事をつくっ
たり，魚釣りをしたりして楽しんだという場面や状況（物語）を細かく描いて
表現する場合があります。また，園で空き箱などを使って自分の好きな動物を
つくり，その動物にひもをつけて，一緒に園内を散歩にでかけていくという場
面や状況（物語）をつくることもあります（写真10-11）。これは，自分自身と
他者との関係を楽しく感じ，それを物語的につくり出していくオモシロサで
す。

8　デザイン（目的的な造形）するオモシロサ

　これは，目的的な造形表現で，デザインするオモシロサです。たとえば，紙

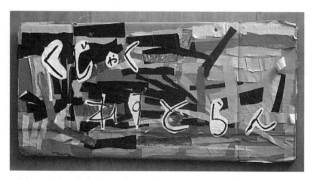

写真10-12 食事をする場所（レストラン）を示すための看板
写真提供：あんず幼稚園（埼玉県，入間市）。

飛行機を飛ばしたいという目的のためにチラシの紙などを折って紙飛行機をつくって飛ばす。お店屋さんごっこで売り買いする目的のための品物をつくり，お店をお客さんに知らせる目的のために看板をつくる。劇ごっこから劇発表という意識が生まれ，劇を下の学年の子どもたちや保護者にも観てもらいたいという目的が生まれ，宣伝のためのポスターをつくっていくという視覚的に伝達していく要素の強いオモシロサでもあります。写真10-12は，5歳児クラス（くじゃく組）の子どもたちが協同でつくった看板です。園での夏の宿泊保育の際，夕食を自分たちでつくったカレーライスを4歳児クラスの保育室を借りて食べることになり，クラスの多くの子どもたちから，その保育室をレストランにしたいという声があがりました。そこで雰囲気をつくる目的のためにつくったのがこの看板で，ディスプレイ・デザイン的な表現でもあります。

　以上のようなオモシロサは，一人一人の子どもによってオモシロサが違っていることを理解しながら適切な援助を検討していくことが重要です。

3 子どもの主体的な造形表現とその具体的な援助

　ここでは，子どもたちの好奇心や興味・関心をきっかけにして始まったクラス全体での主体的で対話的なプロジェクトの実践プロセスと，そのなかで生ま

れてきた協同的な造形表現について，そして，その取り組みを支える具体的な
援助について述べていきたいと思います。

1　ひらめきを豊かな表現にしていく──幼稚園5歳児クラスの実践から^{＊8}

①大きな箱からひらめいたもの

ある男の子が大きな箱を見て，「これで，お神輿<ruby>神輿<rt>みこし</rt></ruby>をつくりたい！」とひらめ
きます。

「でも，お神輿ってどうなっていたっけ？」と止まる手……。するとそばに
いた仲間が，「オレ，神輿担いだことあるよ」とすかさず助けに入ってくれま
す。担任としては，彼の知っていることを引き出しながら，神輿の写真を保育
室に貼るなどの環境構成を行いました。

こうして，お神輿づくりがスタートしていきました。「上に金の鳥みたいな
のがついていたよ」「鈴とか提灯もついていた！」。気づいたことや，改めて見
てきたことの気づきが加えられ，日々変化していくお神輿。担ぐための棒が差
し込まれると，「よし，担ごう‼」と勢いにのっていきます。

②息を合わせていく心地よさ

「ワッショイ！ワッショイ‼」仲間と共に声を出し，担いでいく，その一体
感が子どもたちに心地よさとして伝わっていったようです（写真10-13）。

「棒が動くから，もっと頑丈にしよう！」「お神輿できたし，お祭り開こう
よ‼」。このおもしろさが，またひらめきを呼び，お祭りの準備へと進んでい
きました。担任としては，みんなの知っているお祭りの話を聞いたり，どんな
お店があったか，どんなことをしていたか，話に出てきたことを視覚化したり
していきました。しかし，ここで夏休みを迎えます。きっと夏祭りに行く子ど
もたちも多いだろうと思い，子どもたちと保護者の方へ今の遊びの様子を伝え，
お祭りに行ったら，どんなものがあったか見てきてほしいということを話しま
した。

***

＊8　この実践は，白梅学園大学附属幼稚園5歳児クラスの深田美智子先生の実践。

写真10‐13 協同でつくったお神輿
写真提供：白梅学園大学附属白梅幼稚園（東京都，小平市）。

③続いていく遊びと広がる興味

夏休みを挟んでも，子どもたちの勢いは冷めることなく，続いていきました。「あのね，お絵かきせんべいあったの」「スーパーボールすくい，オレ得意！」「本物のスーパーボールつくりたい！」「スライムと同じ材料でつくれるんだって！」「よしやろう！」

子どもたちの興味と探求は続いていきます。

チョコバナナ，金魚すくい，焼きとうもろこし，くじ引き，ヨーヨーつり，焼きそば，フルーツあめ，かき氷，わたあめ……。

そして，立ち寄れるレストランも併設され，準備が進んでいきました。

④幼稚園中の人を呼びたい！

いつしか，子どもたちのなかにこのような思いが浮かんできました。今まで自分たちが楽しんできたことを，「幼稚園中の人たちと，共有したい！」そんな思いだったと思います。

子どもたちと予定を確認しながら，お祭りを行う日を決め，それまでに必要なものをつくったりしていきました。なかには，プレオープンする子どもたちもいて，「かき氷人気だから，もう少しつくっておいたほうがいいんじゃない？」と話す子もいました。遊びながら，気づいたことを仲間に伝え，よりよ

くしていく子どもたちのエネルギーに脱帽です。

　そして，9月21日，お祭り当日を迎え，張り切る子どもたち。金魚すくいの金魚が減ると，「Nくん，手伝って！」とクラスの折り紙名人を呼んだり，どの子も接客に大忙しでした。

　⑤お祭りの最後は，やっぱり花火だよね！

　打ち上げ花火をしたい子どもたち。

　「本物の花火する？」「それじゃあ，火事になったら困っちゃう」「ゴムをつけて飛ばす？」

　話し合いと実験を繰り返し，子どもたちが決めたものは，広告を丸めた棒に切った紙をつけ，隠れた人たちが，合図に合わせて打ち上げるという，何ともシンプルで，わかりやすいものでした。

　「"3・2・1・0！"で打ち上げてね」「見えないように，上げるんだよ」「花火って，ここに（胸）くるんだよ（響くということ）」「だんだん見えなくなるよね」。それぞれに感じている花火の様子を共有し，見事に打ち上げていました。

　⑥お祭り大成功‼

　「お祭りが終わったら，みんなで，カレーパーティーしたい！」「お神輿を見ながら，カレーを食べたい」。

　その思いが叶った10月。畑で育てていたジャガイモを使って，調理し，みんなで食べました。

　⑦一人一人が輝く生活

　お神輿づくりから，お祭りへ，子どもたちのひらめきがひらめきを呼び，長い間楽しまれる遊びとなっていきました。それぞれの気づきが仲間に伝わっていき，その子らしさが大切にされていたように思います。気持ちを感じたまま表すことのできる関係，繰り返しながらつくり替えていける環境が，子どもたちの創造力を育んでいるように思います。このつくられたお神輿は，今もなお，保育室で子どもたちを見守ってくれています。「卒園式までとっておく。最後にみんなでワッショイ！っと担いで，お別れする」そうです。

写真10-14　素材のコーナー
写真提供：あんず幼稚園（埼玉県，入間市）。

2　主体的な表現を支える援助について

　最後に，前半の実践を支えた環境構成（間接の援助）のポイントについて述べていきたいと思います。子どもたちの好奇心，興味・関心から始まって，子ども同士，子どもと保育者の丁寧な対話を繰り返すプロセスのなかで子どもたちの豊かな表現を支えている環境の要素の一つがモノ（素材）の環境です。このクラスの保育者は，子どもたちが日常的につくったり，描いたりするためのさまざまな素材（たとえば，リサイクルの空き箱や容器など）を環境として用意しており，このお神輿をつくる素材としてもリサイクルのダンボール箱や紙管などが準備されていたことで，子どもたちはお互いにつくるイメージを共有しやすくなりました。

　写真10-14は，ある園の保育室に環境として設けられている素材（空き箱などのリサイクル素材）のコーナーです。子どもが感じて，イメージして，つくりたい，描きたいと思ったときに，すぐにつくったり，描いたりできるように，多種多様なモノが環境として用意されています。このようにさまざまなモノを主体的に選んでいくことで，子どもたちの感性や表現がより豊かになっていきます。

まとめ

　最後に紹介したようなクラス全体での主体的で協同的なプロジェクトを構想し，特にモノを媒介にしての表現を援助していく視点としては，①子どもの興味・関心のあることにアンテナを張り，それを捉える（子ども理解），②それらの姿からどのように育ってもらいたいか（保育者のねらい＝願い），③そのための具体的な援助：直接のやりとり（直接の援助）と，特にモノの環境構成（間接の援助）をどのようにしていくか，④保育後の振り返り（評価），の４点が大切になってきます。そして振り返りの際に手がかりになる有効な手段としては，子どもが感じて，考えて（イメージして），行動するプロセス，学びのプロセスの記録（ドキュメンテーションなど）です。

 さらに学びたい人のために

○利根川彰博『好奇心が育む学びの世界』風鳴舎，2017年。
　著者が保育者として，子どもたちと共に園生活をつくっていくなかで，子どもたちの好奇心・感性・表現・学び（科学的思考），そして著者自身のワクワク感を実践を通してまとめています。

○美育文化協会『美しい未来を創る子どもたち』美育文化協会，2019年。
　造形・美術教育の専門家たち21人が，子どもの感性や造形表現・図画工作の表現の本質についてまとめた一冊です。

第11章

音を介した表現と指導法

・ ・ ・ ● 学びのポイント ● ・ ・ ・

- 日常生活のなかでの子どもの音との関わりや素朴な音楽的表現に注目し，援助方法や環境について学ぶ。
- 「歌を歌う」「楽器を演奏する」などの音楽的表現活動において，どのような指導や援助が必要か，具体的な指導方法について学ぶ。
- 音を介した表現活動における保育構想やその評価の方法を学ぶ。

WORK　カノン唱をやってみよう

　カノン唱（輪唱）を知っていますか。複数人に分かれて同じ旋律をずらして歌う歌唱方法で，歌い終わるとまた最初に戻って歌うことができるので，何度も繰り返し歌うことができます。旋律をずらしても和声がぶつかり合わない曲を選ぶことが大切です。「かえるのうた」や「静かな湖畔」を子どもの頃に歌った記憶がある方が多いと思いますが，2音や5音の音階でつくられている日本のわらべうたもカノン唱に適しています。「だるまさん」「あんたがたどこさ」など，みなさんがよく知っているわらべうたでカノン唱をやってみましょう。

1．カノン唱をやってみよう
　・まず旋律や歌詞を確認するため，全員で同時に歌ってみましょう。
　・2パートに分かれて歌ってみる，次に3パート，4パートというように声部を増やして歌ってみましょう。

2．カノン唱をやってみた感想をグループで話し合おう
　・旋律をずらして歌うことによって生まれる「音の重なり」や「うねり」を聴いてどのように感じましたか。
　・合唱（複数のパートに分かれて同時に違う旋律を歌う）と比較して，歌いやすさに違いはありましたか。

● 導　入 ● ● ● ● ● ● ● ● ●

　領域「表現」では，「いろいろなものの美しさなどに対する豊かな感性をもつ」
「感じたことや考えたことを自分なりに表現して楽しむ」「生活の中でイメージを豊
かにし，様々な表現を楽しむ」ことがねらいとして示されています。これらを見て
も，子どもの感性を育てることがねらいとなっていて，「○○ができるようになる」
というような表現の技術の習得がねらいではないことがわかります。しかし，実際
の保育における音楽的表現の活動場面を見ると，発表会や運動会などの行事で披露
するために，鼓笛隊や和太鼓の練習をしたり，合奏や歌の猛特訓をしたりしている
園がまだ多くあります。みなさんの幼稚園・保育所時代を振り返ってみても，この
ような経験をした人，なかにはその経験が「辛い思い出」として残っている人もい
るのではないでしょうか。保育者のなかにも，「ピアノを弾かなければ歌の指導は
できない」とか，「きちんと見栄えよく発表できるように練習させなければならな
い」と感じている人がいて，音楽的表現活動の目的が，「うまく演奏できること」
というように捉えられていることがあります。

　領域「表現」から音や音楽との関わりを捉えると，「歌や音楽の美しさ」に対す
る豊かな感性をもったり，自分なりに音や音楽で表現することを楽しんだりするこ
とが，保育における音楽的表現活動のねらいであることがわかります。では保育に
おける音楽的表現活動で，なぜこのような捉え方の違いが起きてしまうのでしょう
か。

　本章では，実際の保育における音や音楽との関わりに関する事例を通して，「子
どもはどのように主体的に音や音楽と関わっているか」ということや，「子どもの
主体的な学びを保障する音楽的表現活動とはどのようなものか」について考えます。
そして，実際に音楽的表現活動を想定した保育を構想する際の留意点や，子どもの
感性が育まれるための音楽的表現活動における援助や指導の方法について考えます。

● ● ● ● ● ● ● ● ●

1 園生活のなかで育まれる乳幼児の素朴な音楽的表現

　保育における音楽的表現といえば，「歌を歌う」とか「楽器を演奏する」と
いうような場面をイメージするのではないでしょうか。また「導入」でも述べ
たとおり，「発表会や運動会に向けてのダンスや鼓笛隊などの合奏練習」など
を思い浮かべる人も少なくないでしょう。しかし，この章のタイトルにもある

ように，「音を介した表現」という視点で子どもたちの表現を見てみると，日常生活のあらゆる場面で，音に耳を傾けたり，リズミカルに歌を口ずさんだりしていることに気づくことができます。音楽的表現を「歌う」とか「楽器を演奏する」ということだけで捉えてしまうと，このような姿に見られる子どもの音楽的な育ちを捉えることは難しく，見過ごされてしまいがちです。まずは，日常生活の何気ない場面での子どもの素朴な音楽的表現について考えてみましょう。

1 生活や遊びのなかでさまざまな音に気づく

　写真11-1はあるこども園での様子です。数人の子どもたちがバケツに入った砂をスコップでトントンとつついています。最初は一人の子どもが始めた行為でしたが，スコップをトントンと動かすたびに砂が「キュッキュ」と鳴る音に誘われるように，他の子どもたちも集まってきて，みんなで同じ動きをしながら「キュッキュ」と砂を鳴らして遊んでいます。

写真11-1　砂の鳴る音を楽しむ
写真提供：赤城育心こども園（群馬県，前橋市）。

　遊んでいるうちに偶発的に生み出された「砂の音」，その音によって遊びがおもしろくなり，さらに周囲の子どもたちにもそのおもしろさが伝わっていく様子がこの場面からよく伝わってきます。

　砂をスコップや棒状のもので押したりつついたりすると，「キュッキュ」というかわいらしい音がします。他の園で観察していたときにも，その音がよく聞こえるように，耳を近づけて聴きながら何度も同じ行為を繰り返す子どもの様子が見られました。大人には気づくことが難しいのですが，子どもは遊びながらこのような「おもしろい音」に気づくのですね。

写真11‐2　石の響き方を確かめる

写真提供：赤城育心こども園（群馬県，前橋市）。

　写真11‐2は同じこども園の子どもの様子です。本書第7章で紹介した写真7‐5と同じ場面の続きの様子です。一人の女児が，木の棒をもって，大きな石を叩いてみると，カンカンとよい音が響きました。他の石はどうだろうと女児は次々にそこにあった，他の石も鳴らしていきます。その様子を見ていた別の男児も興味をもったように，女児と同じ行為をし始めました。女児は「いろんな石を叩いてみる」という行為を繰り返しますが，男児は一つの石のいろんな場所を叩いて，「響き方の違いを確かめている」ように見えました。同じように音の鳴り方の違いに興味をもっていても，石との関わり方が少し異なる興味深い場面です。

　これらの場面のように，身近なものが発する「音」に興味をもって関わり方をさまざまに工夫する様子は，「感じたことや考えたことを自分なりに表現して楽しむ」ようになるための，素朴な音楽的表現の始まりではないでしょうか。

　「水たまりのなかを素足で歩きながら，ピチャピチャと水の鳴る音を，その感触と共に楽しむ」「枯葉のなかを歩きながら，カサカサとなる葉っぱの音や感触を楽しむ」といった様子は，保育のなかでは日常的に見られる子どもの姿です。

　このような子どもの様子が見られる場合には，保育者は危険がなく安全が保たれているなかでは，その様子を見守ったり，「気持ちいい？」「おもしろい音

がするね」など共感的な言葉をかけたりして，子どもが気づき生み出した音を一緒に楽しめるような援助を心がけたいですね。

2　身近な音や自然の音を聴く

　雨が降る音や風が吹く音，川の水が流れる音，鳥が鳴く声など，私たちの身近な生活のなかには多くの自然の音があります。これらの音は「聞こえていても，聴いていない」ということが多いものです。しかし身近に当たり前にある音でも，よく耳を傾けて聴いてみると，とても心地よい音がします。

　生活のなかの身近にある自然の音に耳を傾けて，「心地よい音をよく聴く」ことは，子どもの感性の育ちにとってとても重要なことです。

　吉永（2016）[*1]は，保育における音感受教育の重要性について，音感受とは「音の高さやリズムを聴きとることを目的とするソルフェージュ[*2]的なものではない。子どもが生活や遊びのなかで，身のまわりの音や人の声に対してしっかりと耳を傾けてその質感を聴きとったり，その響きに想像を重ね合わせたりするような感じを意味する」と述べ，保育のなかで音を聴き，感じ，それを表現することが，子どもの感性と表現の育ちにつながるとしています。

　保育のなかで，音を聴くことを意識した環境づくりにはさまざまな工夫が考えられます。園庭には，砂，水，枯葉など，子どもが遊ぶためのさまざまな自然物が用意されますが，それらの自然物を用いて音遊びへと発展することもあります。また，「風の音を聴く」ためには，単に樹木の葉っぱが風になびいて発する音だけでなく，風鈴を吊るすなど，日本の伝統的な習慣も活用できます。風鈴は夏の風物詩ですが，鈴が風に揺られて鳴る音から「涼しさを感じる」ことができます。風鈴の音を聴くことから，子どもたちは鈴の音色の美しさだけでなく，涼しさを感じるなどさまざまに心を動かされる経験をすることでしょう。また，そのような経験が，幼少期の楽しい記憶と合わさって心のなかにず

＊1　吉永早苗『子どもの音感受の世界——心の耳を育む音感受教育による保育内容「表現」の探究』萌文書林，2016年，p. 148。
＊2　**ソルフェージュ**：楽譜の理解など，音楽を演奏するために必要な基礎知識。

っと残る思い出にもなることでしょう。

■3■　自ら音やリズムをつくり出す

　子どもたちの遊ぶ様子を見ていると，遊びの楽しさからか自らの動作にリズミカルなオノマトペを唱えたり，友達と応答唱をして楽しんだりする姿が見られます。藤田（1993）は，「幼児の音楽行動を観察してみますと，音楽的でない子どもや音楽性のない子どもはほとんどいないと言ってよいことに気がつきます」と述べ，保育者が与える「音楽」には関心を示さない子どもでも，遊びのなかでさまざまに歌を口ずさんだりして音楽を楽しむ姿が見られると述べています。

　たとえば，片足跳びをしながら「ケンケンケン」と口ずさんだり，キラキラ光るシールを貼る遊びをしていた子どもが「キラキラシール」という言葉に「ドドレレミーレ」という音を当てはめてつくり歌を歌ったりするといった場面が見られました。このように子どもは，自らの動作に合わせたり，見たもの，感じたものからイメージを広げたりして，遊びのなかでその時々の気分に合わせてつくり歌を口ずさんだりします。遊びが楽しいものであればあるほど，その楽しさがついリズミカルな言葉や抑揚の大きな，歌うような口調となって表現されるのです。つまりこのような遊びのなかで生まれる子どものつくり歌は，子どもの心が大きく動いていることの表れであると捉えることができます。保育者はこういった瞬間を見逃さずに，子どもの自発的な音楽的表現を認め，その思いに共感することが大切です。

＊3　**オノマトペ**：「ピチャピチャ」「トントン」など，モノが鳴る音や人の声を表したり，実際には音は鳴らないが「キラキラ」「ふらふら」など様態を言葉にして表したりする表現のこと。本書第5章も参照。

＊4　藤田芙美子「子どもはどのように音楽的であるか」『音楽教育学』**23**(2)，1993年，pp. 55-64。

2 子どもの主体的な音楽的表現が育まれるための援助や環境

　日常の保育のなかで，子どもの素朴な音楽的表現が生まれるために，保育者はどのような環境を整える必要があるでしょうか。

　ある園では，秋になって散ってしまうたくさんの枯葉を綺麗に掃除してしまうのではなく，園庭の隅っこにあえて残しておくそうです。枯葉を使ってさまざまな見立て遊びができるというだけでなく，その手触りや匂い，そして足で踏みしめたときの感触や音などを楽しめるようにとの配慮からです。枯葉は子どものさまざまな五感を刺激し感性を育むための大切な環境となるのですね。

　また，さまざまに音の鳴る素材を集めて置いておくことも環境構成の一つとなります。先ほど紹介した園では，雨どいから落ちてくる雨をさまざまな素材の容器（豆腐の空きパックや空き缶など）で受け，素材の違いによって雨の音の響き方が変わることに気づくことができるような環境を整えていました。

　写真11-3，写真11-4，写真11-5は，1歳児の保育室の棚に並べられた保育者手づくりの楽器です。素材や形状によって，また，振ったり叩いたりというような鳴らし方によって異なる音の響き方が楽しめるようになっています。写真11-5はペットボトルの底でつくったカスタネットですが，「本物のカスタネットより，手づくりのほうがよい理由は何ですか？」と保育者に尋ねると，「1歳児には本物のカスタネットは重く，自分で小さなゴムの輪に指をはめることも難しく，一人では扱いづらいから」と答えてくださいました。

　「1歳児でカスタネットを鳴らすのはまだ早い」と考えるのではなく，この年齢の子どもでも扱いやすく，「自分で手に取って音を鳴らすことのできる楽器をつくる」という保育者の柔軟な発想が，子どもの興味や意欲を引き出すのですね。

　子どもの主体的な表現が生まれるためには，このように，子ども自身が音に対して興味をもてるような環境構成（自然物を利用したり，音の鳴る素材を置いたりするなど）をすることが大切です。3歳以上児に対しては，子ども自身が自分だけの楽器をつくることができるよう，さまざまな組み合わせができるよう

写真11‐3　なかに入れる素材によって音の響き方が異なるように工夫された手づくりマラカス

写真提供：茶々保育園（埼玉県，入間市）。

写真11‐4　本物そっくりのボンゴ，軽い素材でつくられている

写真提供：茶々保育園（埼玉県，入間市）。

な素材を置いておくことも環境構成の工夫の一つです。

　さらに，「素材や鳴らし方の違いによって音や響き方の違いに気づくことができるようにする」「さまざまに工夫したり考えたりできるようにする」など，子どもが自ら音に関わったり音づくり遊びを楽しめるための保育者の援助が何より大切です。そのためには，保育

写真11‐5　軽くて持ちやすく，１歳児でも一人で指にはめられる工夫がされたカスタネット

写真提供：茶々保育園（埼玉県，入間市）。

者自身が日頃から生活のなかにある身近な「音」に耳をよく傾けて聴くこと，何が音づくり遊びの素材になるのかや，音の鳴る仕組みについて興味・関心をもつことが重要です。

3　音楽的表現活動の指導と援助

　保育のなかでは，子どもが遊びのなかで自ら音楽的表現をするという場面だけでなく，クラスみんなで歌を歌ったり楽器遊びをしたりというように保育者

が意図的に行う音楽的表現活動もあります。このような活動では，子どもの「歌いたい」とか「楽器を演奏したい」といった意欲はどのように導かれるのでしょうか。ここでは，音楽的表現活動の実践事例を通して，子どもが主体的に取り組むための指導と援助について考えます。

1　「大好きな歌」だから大切に歌う

　ある幼稚園で5歳児クラスの子どもたちが担任保育者と一緒に輪になって座り，「にじ」（新沢としひこ［作詞］，中川ひろたか［作曲］）という歌を歌っていました。保育者はピアノ伴奏を弾くことなく，自身の美しい歌声をしっかりと響かせて，子どもたちと共に歌っていました。子どもたちもまた，保育者の歌声に導かれるように，友達と笑顔を向け合いながら，楽しそうに歌っています。大きな声で怒鳴っている子どもは一人もいません。みんなまろやかな声で伸び伸びと歌っています。

　その雰囲気に魅入っていた私（筆者）が，園長先生にその様子について尋ねると，次のような答えが返ってきました。[＊5]

　　子どもたちはみんなこの歌が大好きで，ずっと以前から歌っているのですよ。大好きなこの歌がとても大切だから，大切に思いながら歌っているのでしょうね。

　この事例は私にとって忘れることのできない場面で，「なぜ私たちは歌を歌うのか」というもっとも大切なことを教えてくれているように思います。それは，「その歌が好きだから」，そして「みんなと一緒に歌うと楽しいから」。それ以外の理由はいるでしょうか。保育の歌唱場面では，保育者がピアノに向かって弾き歌いをし，子どもたちは整列して保育者の方を向き，友達の背中を見ながら歌っている様子をよく見かけます。一緒に歌う保育者や友達の顔を見ることもなく歌う姿を見ていると「何のために，誰に向かって歌っているのだろ

＊5　岡本拡子「音環境からみる保育」無藤隆（編著）『THE 保育101の提言 vol. 3』フレーベル館，2010年，p. 169。

う」とよく思います。先ほどの事例のように，みんなで向かい合ってお互いの顔を見ながら，友達や保育者に歌声を届け合いながら，そしてお互いの声を聴き合いながら歌う，その姿にこそ「歌を歌う」ことの大切な意味が見出されます。そして「大好きな歌だから大切に歌う」という気持ちから歌うことへの意欲が生まれ，「大切に歌うとはどんな歌声だろう」と考えることにつながります。「怒鳴ってはダメ」とか「まっすぐ前を向いて歌いましょう」などの禁止語や指示語を使わずとも，子どもたちは自然にやさしくきれいな声で歌うことができるのです。

２　歌唱教材を選ぶ

　子どもたちが大切に思い，大好きになる歌とはどのようなものでしょうか。領域「表現」の内容では，「(2)　生活の中で美しいものや心を動かす出来事に触れ，イメージを豊かにする」や，「(3)　様々な出来事の中で，感動したことを伝え合う楽しさを味わう」などと示されています。[*6] つまり，園生活のなかで出会う出来事や体験と結びついていること，そのような具体的，直接的な体験を通してイメージしたことや感動を「歌を歌う」という方法で表現すると考えると，歌唱教材は身近な園生活と関わりのある内容の歌を選ぶべきでしょう。

　季節や行事に関わる歌，動植物などの自然を題材にした歌が多く歌われるのは，このような理由からです。たとえばしゃぼん玉遊びの楽しさは「しゃぼんだま」という歌を歌うことによって，より具体的なイメージとなって友達同士で共有されるでしょうし，園庭にかえるを見かけたら「かえるのうた」を一緒に歌いたくなります。歌を歌うことによって，その遊びや活動がより楽しいものになる，イメージしやすくなるのです。

　また，そのような歌は子どもにとって歌いやすい歌である必要があります。音程がとりづらい，音域が広く高い声が歌いづらい，歌詞の内容が難しく理解したりイメージをもちづらいといった歌は避けるべきです。「じょうずに歌う」

＊6　「幼稚園教育要領」第 2 章「ねらい及び内容」の「表現」の 2「内容」。

とか「きれいな声で歌う」ということを意識せずとも，子ども自身が歌うことに楽しさを感じたり，イメージをもったりしていれば，またその歌が子どもの歌う声の音域に合っていれば，自然でのびやかな声で歌うことができるのです。

3　カノン唱をやってみたい

　ある園で，お誕生日会で保育者が「静かな湖畔」のカノン唱を披露したところ，年長児の子どもたちが「自分たちもやってみたい」と言い，練習に取り組むようになりました。最初は斉唱から，次に二つのグループに分かれて歌うようになりましたが，子どもたちの「もっと分かれて歌いたい」という気持ちがどんどん高まっていき，最終的には14パートにも分かれて歌うようになったということです。14パートということは，何度も何度も繰り返し歌わなければ全パートが同時に歌うことはないでしょう。子どもたちの興味は「カノン唱」という技法そのものにも関心が向いていたようですが，ずれて歌うことによって生まれる「音の重なりやうねり」の美しさにも心惹かれていったようです。

　この活動はしばらく続いたので，他のクラスの子どもたちに披露したり保護者に披露したりといった活動に発展していきました。子どもたちの「やってみたい」という意欲は，14パートに分かれて歌うというような，私たち大人の想像をはるかに超えた，思いもよらない演奏の形を生み出しました。

　本章冒頭の WORK でみなさんにも挑戦してもらったカノン唱は，「みんな同じ旋律を歌う」ので，合唱と比べて音がとりやすい，他のパートの音を聴きながら歌いやすい，合唱のように「音が重なり合うことで生まれる響き」を楽しむことができるなどの要素があるので，保育における音楽的表現活動のなかで取り入れたい歌唱方法の一つです。「違う旋律を同時に歌う」といった技術習得を必要とする合唱に取り組むには幼児期はまだ適していません。一つの旋律を同時に歌う「斉唱」では「みんなで一緒に歌う楽しさを味わう」経験ができますが，「もりのくまさん」のように同じメロディを交互に歌う「交互唱」をすることにより，保育者や友達が歌う声が聴きやすくなります。このような経験を積み重ねてきた子どもたちにさらに，カノン唱を通して「音が重なり合

写真11‒6　アルペンホルンを吹い
てみたい
写真提供：呑竜幼稚園（栃木県，佐野市）。

写真11‒7　音の鳴る仕組みに興味
をもつ
写真提供：呑竜幼稚園（栃木県，佐野市）。

うことによって生まれる響き」の美しさを体験してほしいものです。

4　音遊び運動会に向けて

　ある園では運動会で毎年テーマを決めているのですが，その年は「音遊び」
がテーマでした。運動会で行われるさまざまな競技のなかで音の鳴る遊びをど
のように取り入れるか，保育者たちは子どもたちと共にアイディアを出し合い
ました。園長先生の部屋に飾ってあったアルペンホルンというスイスなどの山
地（アルプス地方）に伝わる民族楽器も使ってみようということになり，保育
者が競技の合図に用いることにしたのですが，おもしろい音が鳴るその楽器に
子どもたちは興味津々で，遊びのなかでも吹いてみたり，音の出るところをの
ぞき込んでみたりする姿が見られました（写真11‒6，写真11‒7）。
　また，競技で使用する音の鳴るモノとして調理器具を集めて音の鳴り方を試
してみたり（写真11‒8），入場の際に用いる楽器を身近な素材で手づくりした
り（写真11‒9）という活動を通して，子どもたちは音の鳴る仕組みや音色に気
づいたり，鳴らし方を工夫したり，「音遊び運動会」に向けた活動の過程で音
や音楽にどんどん興味をもっていきました。

写真11−8　生活用品も楽器にしてみ
よう

写真提供：呑竜幼稚園（栃木県，佐野市）。

写真11−9　身近な素材で手づくりの
楽器をつくる

写真提供：呑竜幼稚園（栃木県，佐野市）。

　この事例に見られる「音遊び運動会」までの過程は，保育における楽器遊び
の活動の在り方の一つを示しているように思います。領域「表現」の内容では，
「(6) 音楽に親しみ，歌を歌ったり，簡単なリズム楽器を使ったりなどする楽
しさを味わう[*7]」とあります。さまざまな音色の楽器に親しんだり，音の鳴り方
を工夫したり，自らリズムをつくったり，音楽に合わせて身体を動かしたりと
いった経験は，その後の音楽との関わりを豊かなものにするために必要な経験
です。しかし，マーチングや合奏をして「披露すること」が目的となると，過
度な練習が子どもたちに「辛い経験」として残ることもあり，「豊かな感性の
育ち」につながる活動とは思えません。この事例に見られるように，自分たち
自身で音を探したり，音をつくったりする，保育者や友達と一緒に音楽をする
楽しさを味わうといった，運動会までの取り組みとしての音楽づくりの過程そ
のものに子どもの感性の育ちが見られるのです。

4 音を介した表現活動の保育構想とその評価

　これまで述べてきたとおり，保育における「音を介した表現活動」では，歌
が上手に歌えるようになることや楽器がうまく演奏できるようになること，発

＊7　「幼稚園教育要領」第2章「ねらい及び内容」の「表現」の2「内容」。

表会や行事のために見栄えよく仕上げることをねらいとするのではなく，子ども自身が主体的に音や音楽と関わることの楽しさを知ること，またその活動からさまざまに心動かされる経験を積み重ね，豊かな感性が育つことが大切です。

「幼児期の終わりまでに育ってほしい姿」の一つに「豊かな感性と表現」があります。ここでは「心を動かす出来事などに触れ感性を働かせる中で，様々な素材の特徴や表現の仕方などに気付き，感じたことや考えたことを自分で表現したり，友達同士で表現する過程を楽しんだりし，表現する喜びを味わい，意欲をもつようになる」と示されています。

音を介した表現では，まず何より子ども自身がさまざまな音に気づくこと，出会うことが大切です。風や雨や水，動物の鳴き声など自然の音，楽器だけでなくさまざまなものが発する音，友達や保育者，自分の声など，「聴くことの経験」の積み重ねが，さまざまな音に対する興味・関心へとつながり，やがて音楽的な感性の育ちへとつながるのです。歌を歌ったり，楽器を演奏したりする活動では，自ら発する声や楽器の音に注意を向けたり，友達の歌声や演奏に関心をもつことが，「どのような歌や演奏をしたいか」という意欲を生み，自分なりの音楽的表現を楽しむことができるようになります。

音楽家の生の演奏を聴く機会はもちろんですが，CDなどで好きな音楽を聴く経験も，さまざまな表現の仕方に出会う機会，心を動かされる経験として，音楽に対する感性を育てることへとつながります。また，録音機器を活用して自分たちの歌や演奏を聴くといった経験も，自分の発した音をフィードバックすることができ，音に対してより意識的に聴くことができるようになります。身近な環境としてこのような情報機器の活用も工夫していきたいものです。

このように，音楽を聴いたり演奏したりすることで心動かされる体験を積み重ねること，音楽的な表現を工夫したり楽しんだりすることをねらいとした活動においては，その評価はおのずと音楽的表現の結果，つまり出来栄えを見るのではなく，表現の過程そのものに目を向けることが大切であると気づくことができるでしょう。

保育者は，「子どもはどのように音楽を聴いているか」「どのように音と関わっているか」，歌う活動では「歌詞の内容からどのようなことを感じ取り，歌

う工夫をしているか」，楽器の演奏では，「楽器や演奏のどのような特徴（音の鳴り方，響き方，リズムなど）に興味をもっているか」などに注意を向けながら，活動の振り返りを行うことが大切です。

 まとめ ·····································

　　園生活のなかで身近にある自然の音や，モノの発する音に興味をもってよく聴くことから，子どもの音に対する感性は育ちます。歌を歌うことや楽器を用いて演奏することも，上手に演奏するための技術習得をねらいとするのではなく，子ども自身が興味・関心をもって音や音楽に主体的に関わり，さまざまな音の表現を工夫したり楽しんだりする，音楽的表現の過程を大切にする保育を心がけましょう。

·····································

 さらに学びたい人のために

○スティーヴン・マロック／コルウィン・トレヴァーセン（編著），根ケ山光一ほか（監訳）『絆の音楽性──つながりの基盤を求めて』音楽之友社，2018年。

　　本書では，人が生まれながらにしてもっている音楽性について，乳児期からの親子のやりとりの分析等のさまざまな研究を通して明らかにしています。赤ちゃんと母親の豊かなコミュニケーションのなかにも人の音楽性が育まれていくこと，音楽の喜びは生まれてすぐから人に備わっていることなど，人と音楽との関わりの大切さに気づくことができ，保育のなかで子どもの感性を育むためのヒントが多く示されています。

○岡本拡子（編著）『感性をひらく表現遊び──実習に役立つ活動例と指導案』北大路書房，2013年。

　　本書では，保育における表現遊びについて，音楽，造形，言葉，身体の４つの領域から，具体的な遊び案と指導計画案を提案しています。子どもの表現を総合的に広く捉えると同時に，それぞれの側面から深く捉えるという双方向の視点をもって計画立案ができるよう工夫されています。

第12章

乳児保育における「表現」

- 乳児の発育発達の個人差や特性を理解する。
- 乳児の表現の捉え方と保育者のまなざしについて学ぶ。
- 何気ない生活のなかの子どもの行為を表現と捉えることに保育者の専門性が あることを理解する。

WORK　子どもの行為を表現として見ると?!

　写真のように，ある朝，2歳のＴくんが左足に長靴，右足にスニーカーを履いて登園してきました。間違って履いたと思いますか？　わざとだと思いますか？　何気ない子どもの行為を表現として見ると，子どものもっている意外な力に気づくでしょう。

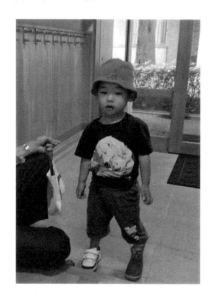

■以下の点について，まずは個人で考えてみましょう。その後，グループで話し合って意見を交換してみましょう。

　　・Ｔくんにどんな言葉をかけたら喜ぶ？
　　・このようなことは，無駄な行為？
　　・この行為をしたことでＴくんがわかったことはどんなこと？

● 導　入 ● ● ● ● ● ● ● ●

　保育所保育指針のキーワードは子ども一人一人への「温かく，受容的，応答的な関わり」です。そのような環境が保障されると，子どもがのびのびとありのままに自分を表現することができ，学ぶ意欲や関わる意欲，生きる意欲にもつながっていくからです。殊に乳幼児期は感情が育つ重要な時期ですから，保育者はその専門性をもって丁寧に関わっていかなければなりません。「ありのままの自分を表現する」ということは，「表現させてあげる」のではなく，子どもが主体となって「表現したくなる」ような環境の保障をしていくということです。それには，保育者のまなざしの質が重要になってきます。

　津守真は『保育者の地平』[*1]のなかで次のように述べています。

　　あるとき，私は子どもの行動を表現として見ることを発見した。
　　行動は子どもの願望や悩みの表現であるが，それはだれかに向けての表現である。それは，答える人があって意味を持つ。

　このことは，子どもの行為を表現として見る保育者の存在が，子どもの成長において大きな意味をもっているということでしょう。

● ● ● ● ● ● ● ●

1 　生理的な欲求の表現

　言葉で表現できない乳児にとって，生理的な欲求を的確に捉えてもらえることは，命を守るために大変重要なことです。また，生理的な欲求が満たされていることで，満たしてくれた人を信頼し情緒が安定して，表情や動きも表現が豊かになってきます。さらに，以下に示すエピソードのように乳児一人一人の表現にも個性や特性があることを理解しておくことが大切です。[*2]

＊1　津守真『保育者の地平——私的体験から普遍に向けて』ミネルヴァ書房，1997年。
＊2　本章で掲載している写真は東京家政大学ナースリールーム（東京都，板橋区）の協力のもと筆者が撮影したもので，園および保護者の了解を得ている。

1　眠いときの表現の違い──乳児

エピソード1　一人一人への対応

　Aちゃん（生後9か月）は，穏やかでおっとりとした動きをするタイプです。遊んでいるうちに眠くなってくると，動きが止まり目がとろんとしてきます。保育者は「Aちゃん，眠くなってきちゃったかな？」と声をかけながらAちゃんを抱っこしました。すると，Aちゃんは保育者の胸に顔をつけて心地よさそうに目を閉じました。保育者は，Aちゃんを抱いたまま子守唄を歌いながら，そっとベットに移して寝かせました。

　Bくん（生後10か月）は，好奇心旺盛で活発に動き回って一人遊びを楽しんでいます。朝の起床時間がAちゃんよりも遅かったこともあって，まだ眠くなさそうなので，保育者はしばらく一緒に遊びながら様子を見ていました。すると，まもなくBくんが，ちょっとしたことでイライラしたように「ぎゃ～！」と声をあげるようになってきました。よく見ていると，時々あくびもしています。「Bくんもそろそろ眠くなってきたかな？」と保育者が声をかけて「ねんねしようか？」と言いながら両手を差し出すとイヤイヤというように頭を横に振ります。「そうなの……」と言いながら保育者は，Bくんを無理には抱かずに再び遊ぶ様子を見ることにしました。するとやっぱりBくんは，大きなあくびをして遊ぶ気持ちにはなれなさそうです。「やっぱりねんねしようか？」とBくんを抱き上げると，「ぎゃ～」と怒ったように声をあげ，保育者の腕のなかで反り返りました。身体は眠さを感じているのですが，Bくんの気持ちはそれを受け入れていない様子だと感じた保育者は，「そうね，まだ遊びたいんだよね」と言いなが

ら，Bくんを抱いたままテンポの速い楽し気な歌を歌い始めました。するとBくんが安心したように保育者の腕のなかで身体を任せるように抱かれ始めたかと思うと，目を閉じてあっという間に眠ってしまいました。

　乳児は，眠い，お腹が空いた，喉が渇いた，暑い，など生理的な不快を感じたときに，全身で表現します。エピソードのＡちゃんとＢくんのように，乳児は直接的な表現ができないので，遊んでいるときの様子や機嫌などに表します。そのような表現に対して的確に対応してもらい，満たされることが心の安定，安心に大変重要なことなのです。

　たとえば，心地よい空腹感を感じ，それを不機嫌さで表現したときに，ちょうどよい状態で受け止めてもらい満たされ幸福感を得ることで，対応してくれた大人への信頼感が生まれ，心の成長の基盤ができあがります。心地よい空腹感は，安心した環境のなかでのびのびと自分のペースで興味あることに向かい，関わって遊ぶことから得られる感覚です。そうした空腹感が心地よく満たされると，穏やかに睡眠に向かう体の準備が整い心地よい休息へとつながっていくのです。このように生理的な満足から安心と安定が保障された乳児は，周囲の人の言葉ややり取り，身の周りのものに対して興味や関心がさらに広がり，表情も感情も関わる意欲も知りたがる意欲も豊かになっていきます。

　くわえて，エピソードのＡちゃんとＢくんのように体力や生理的なリズム，気質など個人差が大きい乳児期は，特に個別対応が大変重要です。全員が同じ時間に眠る，食べる，遊ぶようにすることが保育ではなく，保育所保育指針に示されているように，乳児一人一人が表現したことが，丁寧に受け止められて満たされる環境を整えていくことが，保育者の役割であり乳児の保育の基本です。

２　心の状態を行為で表すことも──１歳以上３歳未満児

エピソード２　食欲がないという表現

　昼食のときのこと。Ｃちゃん（２歳８か月）の食事がなかなか進みません。メニューは，いつもおかわりして食べるほど好物の肉団子もありますので，気に入らないからではなさそうです。保育者があれこれ工夫して誘ってみても食べる気持ちが起こってこない様子です。保育者は，Ｃちゃん

の午前中の遊びの様子を振り返ってみました。それほど特別なことはなかった……と思い返しているうちに，登園してきたときの様子で引っかかることがありました。お母さんがどこかイライラした様子でCちゃんを置いて出かけていったことです。保育者は，Cちゃんの連絡帳の生活時間をチェックしただけで，お母さんが書いた文章にはまだ目を通していなかったことを思い出し，昼食のテーブルを離れて連絡帳を見に行きました。すると，「今朝，食卓で父親と口論になってしまい，Cは不安そうにしていました。余計な心配をさせてしまったと反省です」と書かれていたのです。そういうことかと，保育者はCちゃんの様子に納得です。テーブルに戻った保育者はCちゃんに尋ねました。「もしかしたら，パパとママのこと心配してる？　朝，パパとママがけんかしちゃったんだってね？」と。するとCちゃんは小さくうなずきました。「そうだったのね。先生がパパとママに仲良くしてねってちゃんとお話しするから心配しなくて大丈夫！」と話したら，Cちゃんは安心したように笑って，食事は全部食べてしまいました。

　このエピソードが示すように，食欲は単純なものではなく心の状態が反映してしまうものです。特に自分の気持ちをすべて言葉にできない幼児期は，Cちゃんのように「何も言わないけれども様子がいつもと違う」という形で自分の心情を表現します。そのような状況に気づかずに，食べるか食べないかという表面的な関わりをすると，Cちゃんは大変つらい思いを強いられることになります。保育者が，日頃から子ども一人一人の特性を把握していることで，いつもと違った様子に敏感性をもって応じることで，生理的な欲求も満たされ子どもの心が安定していくのです。このことは食事だけではなく睡眠，排せつなどすべての生理的欲求に関係していることです。もしも，Cちゃんへの対応がエピソードの保育者のような共感的対応でなければ，その日の睡眠や排せつなどほかの生理的な体の働きにも影響を与えたことでしょう。

2 感じることの表現

　乳幼児期は，大人よりも聴覚，嗅覚，味覚など感覚的な力は敏感で優れていると言われています。また，感じることを通して，わかることや心も豊かに育っていくのです。そばにいる大人が，乳幼児が感じていることを見逃さずに表現として，丁寧に尊重したり一緒に楽しんだりすることで，学ぶ力やさまざまな意欲につながるのでとても大切なことです。

■1　驚くほどの感じる力が──乳児

> **エピソード3　感じているときはそっと見守る**
>
> 　0歳児の部屋で思い思いに遊んでいるときのこと。Dちゃん（生後10か月）が，おもむろに窓際のほうにハイハイをしていきました。そして，急にその場で動かなくなりました。どうやら，戸外の木の葉の影が床に映っていることに気づいたようです。風がそよそよと吹くたびに木の葉の影も動きます。そのうち，Dちゃんは，窓のほうに目を向け，次に床を見る。また窓のほうに目を向ける。ということを何度も繰り返していました。黒い影の動きと窓の外の木の葉が何か関係していると気づいたかのようです。そのことに気づいた保育者は，しばらく声をかけずにその様子を見守り，すぐそばに座っていました。少ししてDちゃんがそばにいる保育者の存在に気づきました。保育者は「おもしろいことに気がついたのね。ふしぎだね」とDちゃんと目を合わせると，真剣な表情が柔らかく緩みました。

　乳児は，自分の母親と他人の母乳をかぎ分けられる嗅覚をもち，味覚も生まれて間もない時期でも，酸味を感じて酸っぱい表情になったり苦みを感じて嫌な表情になったりすると言われています。また聴覚も，ヒトは20歳を過ぎると高い周波数の音が聞こえなくなるということもあり，五感においては，大人が乳児よりも勝っているとは決して言えないのです。むしろ乳児のほうが敏感さ

をもっていると言えるでしょう。そして，Dちゃんのエピソードのように，何気ない身近な出来事の不思議に気づくことにも，日々忙しく目先のことに追われやすい大人たちは感じることを失い，また見落としてしまうことが意外に多いものです。乳児との関わりを通して，失ってしまった感覚を思い出すことや，改めて感動させてもらえることは，保育者であることの喜びとも言えます。そのためにも保育者は，乳児が本来もっている力を信頼し，感じている言葉にならない感覚を表情や目や手の動き，身体の動きなどで表現していることをできるだけ見落としのないようにしていくことが大切です。さらに，感じることの表現を豊かに育むためには，柔らかい，硬い，ザラザラ，ツルツル，いい音，いい匂い，美しい，おもしろい動きなど，五感を刺激するおもちゃや遊びの環境を整え，一人一人の感覚で自由に感じる経験を保障していきましょう。そして，保育者が，子どもが感じていることに「やわらかいね」「いい匂いね」「びっくりしたね」など共感しながら感情豊かに表現して見せることは，子どもにとって自分を表現するモデルになります。

2　驚くべき気づく力の表現——1歳以上3歳未満児

エピソード4　おおきい?!　ちっちゃい?!

Eくん（2歳5か月）が散歩の途中で座り込みました。どうやら，歩いていた道の横に小石が敷かれていることに気づいて拾いたくなったようです。みんなはどんどん先に行ってしまったのですが，Eくんのそばにいた保育者は先を歩く他の保育者に声をかけて，Eくんのことをちょっと待つことにしました。すると，Eくんは一つの小石を右手で拾った後，空いているほうの左手でもう一つ小石をつかみました。そして，両手を広げて小石を見比べて「おおきい！」と言って，あとから拾った小石を手放して，再び別の小石を左手で拾いました。そして，先ほどと同じように両手を開いて見比べると今度は「ちっちゃい?！」と言い，不思議そうに最初に拾った石を眺めては「ちっちゃい！　おおきい！　ちっちゃい！　おおきい！」と何度もつぶやいていました。どうやらEくんは，最初に拾った小

石と同じ大きさの石を拾おうとしていたようですが，２番目に拾った石が最初に拾った石よりも大きいと感じて手放し，次に拾った石が今度は反対に最初の石よりも小さかったので，はじめに拾った石が大きく見えて不思議に思い「ちっちゃい！　おおきい！　ちっちゃい！　おおきい！」とつぶやいたようです。

　「保育所保育指針」第１章「総則」の４「幼児教育を行う施設として共有すべき事項」の（２）「幼児期の終わりまでに育ってほしい姿」のコ「豊かな感性と表現」のなかで，「心を動かす出来事などに触れ感性を働かせる中で，様々な素材の特徴や表現の仕方などに気付き，感じたことや考えたことを自分で表現したり……」とあります。Ｅくんが散歩中に心を動かされたのは小石の大きさでした。しかも，一つの小石が，比べるものによって小さく見えたり大きく見えたりするということに，２歳のＥくんは気づいたのです。これは，まさかこんなに幼い子どもが……と，大人もびっくりするほどのエピソードです。もしも，このようなときに保育者が先を急ぐことを優先した場合は，「そんなことよりも，みんなと一緒に先を急ぐことが大事」と，Ｅくんの感性のアンテナに引っかかってきた気づきは無駄，あるいは無意味なことと否定されることになってしまったはずです。しかし，このエピソードの保育者のように，みんなと異なる行為をしようとする子どもに対して，「その子どもなりの訳や意味のある表現」として捉えて理解しようとするまなざしもあります。このような子どもを信頼し尊厳をもって接する保育者の存在によって，Ｅくん独特ともいえる驚くべき感性と学びの世界に気づかされました。

　子ども一人一人が感じる世界は，その子どもらしさや得意な部分の表現でもあると言えます。虫が好き，音に敏感，乗り物に興味があるなど，遊びや生活のなかで感じるアンテナが子どもによって異なっていることを，その子どもの得意分野の表現と尊重して大切に受け止められる保育は，環境を工夫することにつながり子どもの学びを深めていきます。そして，知的好奇心をさらに高めていくことになります。これからの時代は，オリジナリティーのある豊かな表現力と創造性が求められます。乳児保育のなかでの一人一人の特性磨きは，感

じることの異なる表現を大切に受け止めていくことなしには育むことができないのです。

3 学ぶ意欲としての表現

　乳幼児期の学びは、体験や五感を通して感じたことから始まります。一見ダメな行為や意味のない行為に見えるようなことに、不思議さやおもしろさに気づき、確認しているような学びの種を発見していることもあるのです。

1　いたずらというより知りたがる行為──乳児

エピソード5　転がるっておもしろい

　Fくん（9か月）は、つかまり立ちができるようになってきて、日課のようにおもちゃ棚のところにつかまり立ちをしては、片手で棚のおもちゃを全部床に落としてしまいます。はじめのうちは「ガチャガチャは壊れちゃうから止めてね」と保育者は言葉で根気よく伝えては、床に散らばったおもちゃを棚に戻していました。しかし、きれいに戻った頃にFくんがハイハイでやってきては、派手に手を動かして全部見事に落とします。仕方がないので、棚の上には落ちても壊れにくいプラスチックの輪投げやカップのようなものを残して少し置くようにしました。保育者が棚に置くおもちゃ類を布やぬいぐるみにすることや、何も置かない選択をしなかったのには理由がありました。それは、Fくんがどのような目的で毎日何回も落としているか知りたかったからです。何かモヤモヤした気持ちがあって発散でしている行為なのか、別な理由のおもしろさを見つけているのか……のどちらかを知りたかったために、今まで棚に乗っていたおもちゃ全部をなくすことをしないで様子を見たのです。はじめは、目的のない破壊的な行為に見えていましたが、Fくんの目の動きを見ているうちにその目的が見えてきました。Fくんは、棚から落ちた輪投げの輪やカップが転がっていく様子をずっと目で追っていたのです。コロコロコロ、カタカタカタ、コトンと音を立てて丸いものが動いて止まる様をおもしろがっていたので

しょう。
　そして，しばらくたったある日，園庭で遊んでいるときにプラスチック
の輪を見つけると，「ん！　ん！」と保育者にアピールするような声を出
した後，輪を立てるようにして見事に転がして見せたのです。室内で毎日
棚からおもちゃを落としているときに，"円いものは転がる"と学んでい
たのではないかと思います。

　棚からおもちゃを全部落とす行為は，一見とても良くない行為に見えます。
乳児は何もわかってないと見る保育者は，ここでちゃんと教えておかないとい
けないと考えて，Ｆくんの行為をすぐに止めて「だめよ」と伝えるでしょう。
しかし，実はＦくんは知りたいことがあって何度も同じことをしていたのです。
もちろん最初から想定していたことではなく，やってみたことからおもちゃが
落ちる音，転がる動きなどに気づいたところから，偶然そのなかにあるおもし
ろさを発見したのでしょう。乳児の遊びのなかの発見は，Ｆくんのように一見
大人にとっては無意味なこと，あるいは良くないことと捉えられてしまうこと
が多いものです。しかし，その行為のなかで物の動きの規則性や意外性を発見
しているとするとすごいことです。しかも，何を学んでいるかはそのときにわ
かることではなく，しばらく後に思いがけないところで表現されて「そういう
ことだったのか！」と大人は気づかされるのです。乳児の行為を「良い」「悪
い」で見るのではなく，"学びたがっていることの表現"として受け止めてい
くことが大切です。加えて，おもちゃや遊びは，保育者の期待したとおりに扱
ったり楽しんだりすることではなく，子ども自身が自分の感覚で触れたり扱っ
たりして楽しむことが重要です。そこに一緒に楽しんでくれたり驚いてくれた
り，困ったときに援助してくれたりする保育者の存在が，おもしろさや豊かな
気づきをさらに応援することになっていきます。

2　思いを達成するための工夫——1歳以上3歳未満児

エピソード6　どうしたら全部運べる？

　保育室で遊んでいるときに，Gちゃん（2歳1か月）が棚にあるおもちゃを全部運んでいきたいと言い出しました。保育者は「それは無理だから，持てるだけにしたら？」と助言しました。するとGちゃんは「やだ！　全部持っていきたいの‼」と言い張ります。「そうなんだ……。じゃあ自分で考えてみたら？」と言ってみました。すると，あれこれ抱え方を工夫していたGちゃんは，この方法ではだめだと気づいたようです。なんと，ごっこ遊び用に用意してあるスカーフを1枚持ってきたのです。どうするのかと保育者は見て見ぬふりをしながら，さりげなくそばにいました。Gちゃんは，床にスカーフを広げました。薄い素材なのでめくれあがったりたるんだりする部分がでてきて，その部分を引っ張ったり手で均すようにしてきれいな四角に広げました。その上に，持っていきたいおもちゃを全部乗せたのです。そして，スカーフの1つの角を持って引っ張っていこうとしました。すると，せっかく乗せたおもちゃ類は全部床に散らばってしまいました。Gちゃんは，黙々と再びスカーフを最初のときのように広げて均し，またおもちゃを全部乗せました。今度はスカーフの角2か所を摑んで引っ張って行こうとしました。当然の

ようにおもちゃは反対側から無残にも逃げ出しました。それでもGちゃんは苛立つ様子もなく，またスカーフを広げ，おもちゃを乗せて，今度は三つの角を持ったのです。しかし，持たなかった角からおもちゃがまた逃げ出しました。そしてついにGちゃんは四つの角を全部持っておもちゃを運ぶことに成功したのです。「どうしてもしたい！」という意欲は，このような根気強さを育てるものだと気づいた保育者はGちゃんに脱帽です。

　Gちゃんのしたことは欲張りでわがままな行為とも言えますが，何と言われてもやりたいことを貫く意思の強さの表現と見るとなかなか見事です。しかも，スカーフを使って運ぶことができると考えついたアイディアはどこから見つけたのでしょう。また，何度も何度もうまくいかなかったのに，失敗した状況をよく見ていて，おもちゃが逃げ出したところを持てば落ちないと気づく観察力も素晴らしいです。

　子どもの主張や意欲には，時々自分本位のものもあります。そして，常に自分の欲しいものやしたいことが思いどおりになるわけではないことを知っていくことも幼児期には大切な課題です。そこで，保育者は無理なこともあることに体験を通して気づいてもらおうと，本人に任せてみたのですが，Gちゃんの知恵と根気のほうが上手だったという結果でした。

　このエピソードをとおして，Gちゃんは「工夫したり頑張ったりすればできる！」という自己有能感を得たことでしょう。また保育者は，2歳にしてこれほどに遊びのなかで柔軟に根気よく自分の課題に取り組むことのできる力があることに気づかされ，子どもへのまなざしにさらに信頼が加わったことでしょう。

　さらに，この時期の子どもの学びの意欲をそそり，自由な表現のできる保育環境は，子どものイメージで自由に扱えるシンプルな素材，一人一人の感覚や興味，発育発達に適したおもちゃ，余分な取り合いにならない十分な数，取り出しやすい工夫，子どもや保育者の動線に配慮された家具やおもちゃの配置などが配慮されていることが求められます。

4　一人遊びのなかの表現

　安心と安全が保障されるなかで，子どもが伸び伸びと遊んでいるときには，表現したいことが自然に表出されます。自分の身体や声，手にしているものを使ってなど，さまざまな形で表現されます。

1　自分の身体を使って表現——乳児

エピソード7　声も身体も表現の道具

　床に座って遊んでいたＨちゃん（生後10か月）が急に「あー！」と大きな声を出しました。何かあって泣き出したのかと保育者が目を向けると，どうやら泣いているのではなさそうです。Ｈちゃんは気持ちよさそうに「あー！　あ〜あ！　あー！」といろいろな調子で声を出していました。まるで自分の声をおもちゃにしているかのようです。上を向いたり，頭を上下したりしながら「あうあうあ〜！」と調子を変えてしばらく楽しそうに声を出していました。Ｈちゃんは，このときに自分の声で遊んでいたようです。そして，自分でいろいろに声の調子をコントロールできることにも気づいたのでしょう。

　また，あるときＨちゃんは，ハイハイしているときに急にカーペットに額をつけて，ユッサユッサと自分の身体をゆすって遊んでいました。Ｈちゃんの頭のなかには何かお気に入りの音楽が流れているかのようです。試しにＨちゃんの動きに合わせて，保育者が「あーいあい，あーいあい，おさーるさーんだよ〜♪」と歌ってみると，歌に合わせるかのように身体を動かして楽しそうでした。

　人間の赤ちゃんは，胎児の頃から指しゃぶりをしたり自分の身体を触って遊んでいることがわかっています。生後3か月の頃には，自分の手を目の前にかざして眺めるように動かしたり（ハンドリガード）して遊びます。その頃から「あぅ〜あく〜」（クーイング）と自分の声で遊ぶことも見られます。そのようなときに，自分が表現したことに誰も反応してくれないと，乳児の表情は次第に乏しくなってしまうのです。つまり，一人で遊んでいるだけではなく，人と

関わるための大事な表現ということです。「あう〜って上手ね」とか「そうなの，いい気持ちなのね」というように，乳児の行為を温かく受け止めて反応してくれる大人の存在が，人と関わることの喜びや心地よさに気づいて心が育っていくのです。

　Hちゃんの声を出して遊んでいる様子は，実はそれまでの自分の表現を受け止められた経験が安心と自信になって表現できている姿でもあるのです。さらには自分の声をコントロールできる喜びに気づいた喜ばしい成長の姿とも言えます。乳児の一人遊びは，見守ることも必要ですが，ときには保育者も一緒に心地よいリズムで楽しさを共有することも大切です。人と関わる心地よさにつながるからです。手遊びやわらべ歌を楽しむ，いろいろな音の出るものを用意して叩いたり吹いたり振ったりするなど全身を使って表現の楽しさを味わう体験も保障できる環境を工夫していきましょう。

２　周囲の変化に気づく敏感さと表現力──１歳以上３歳未満児

エピソード8　いたずら博士は表現の天才

　Sくん（１歳11か月）は，休み明けの月曜日はやたらと行動が派手で目が離せません。前の週はテーブルの上の空き瓶に飾ってあった花を抜き取り，なかの水をラッパ飲みしようとしたので慌てて止めましたが，翌週は手洗い場の水道横の棚に飾ってあった花を抜き取り，排水溝に詰め始めました。水が流れなくなるほどになる前に，さりげなく「Sくん，何してるの？」と顔をのぞくと，何ともいえない愉快な表情のつくり笑いをしたので，笑ってしまいました。

　この出来事を楽しい出来事として連絡帳に書くと，お母さんから「朝から家でもテンションが高かったSですが，保育園でもそうだったのですね。先生は，Sのテンションの高さは"良い？""悪い？"どちらに思われているでしょうか？」と尋ねられました。「私は良い悪いでは見ておりません。Sくんの行為を見ていると，気持ちの発散ということでもなさそうで，いつも楽しそうなので基本的には危なくない範囲で，自分の興味のあるこ

とをのびのびとできるようにと思っています。というよりも，大いにやってほしいと実は思っています。もしかすると，Sくん自身もそのことを敏感に感じ取っているからこそ，いろいろやっているのだとも思っています」と答えると，お母さんは安心したような表情をしながらも「それでいいのでしょうか？」と半信半疑のようでした。

　その後もSくんはおもしろいことを発見する天才で，保育室の様子におかしな変化があるときはほとんどがSくんの仕業です。食事のときでさえも，ブドウを房ごとフォークで刺しながら，皮も一緒にむしゃむしゃ食べて，軸だけになると「ぴかぴか〜」と花火に見立てておもしろがったこともありました。保育者としては，Sくんの物の見方の柔軟さに感心したりおどろかされたり，本当におもしろくてたまりませんでした。

　Sくんのようないたずらは，周囲にあるものをよく見ていて，まったく関係ないもの同士をつないでみせる発想の豊かさや柔軟性があるという力があることの表現でもあります。さらには，自由な心がないとできないことです。Sくんが粘土遊びをしているときには，ぺたぺたと粘土を平らに伸ばしているので何をつくるのか楽しみにしていると，大好きな猫のぬいぐるみを持ってきて，粘土を毛布のように使って猫のぬいぐるみを包み込んでいました。自由な発想は，作品をつくるときにもこのような独創的な表現として活かせるものなのです。正しいことを教えてさせてできるようになることが教育ではなく，一人一人の子どもが自分の感覚で体験を通して感じたことを，その人らしくさまざまな形で，または素材や環境を活用して豊かに表現すること。そのように一人一人が異なった魅力や能力を活かし合い尊重し合っていくコミュニケーション力がこれからの社会では求められています。もちろん，それをすると危険なこと，困ったことになるときなどは，理由を説明して止めることも必要で，何でもしてもいいということではありません。保育者は，未来を見据えて，人間ならではの特性は一人一人の子どもの魅力に磨きをかけていくことと捉えて，のびのびと豊かな表現を保障していく専門家でありたいものです。

まとめ

　自分の気持ちを言葉で十分に表現できない乳幼児期は，全身を使ってさまざまな形で気づいたことや感じたことを表現しています。自分が表現したことを共感的に受け止め，応答してくれる身近な大人の存在によって，安心と安定のなかで心が豊かに育まれていきます。さらには，そのことが確かな土台となって，他者との関わりに興味が拡がり，柔軟性をもったコミュニケーション力も育っていくのです。そのためには，保育者は丁寧で温かなまなざしを心がけながら，子ども一人一人の特性を尊重しつつ，日々の生活のなかで子どもの行為や表情に細やかなまなざしを向け「言葉にならない表現」と捉え，保育を行っていくことが大変重要です。

 さらに学びたい人のために

○井桁容子『0・1・2歳児のココロを読みとく保育のまなざし——エピソード写真で見る子どもの育ち』チャイルド本社，2017年。
　保育のなかの乳幼児の行為やエピソードを表現としてどのように読み取るか，たくさんの写真を使って解説されています。

○汐見稔幸（監修）『0・1・2歳児からのていねいな保育（全3巻）』フレーベル館，2018年。
　ていねいな保育実践のために，保育者としての基本的専門的知識がまとめられ，また，保育の実践の在り方が具体的に書かれています。

第 13 章

豊かな感性と表現を育む
環境づくり

●　●　●　学びのポイント　●　●　●

- 自分自身と環境とは切り離すことができない関係であることを学ぶ。
- 身の周りの環境と関わるとき，特に子どもがどのような感じ取り方や表現の し方をしているかを学ぶ。
- 保育者は自らが環境の一要素であり，環境の要であることを自覚することを 学ぶ。
- 「子どもにふさわしい生活」とはどのようなものであるかを考え，よりよい 環境を創造できる保育者になることを目指す。

WORK　興味をもったことに積極的に働きかける

　身の周りのものやことがらや人からさまざまなものを受け取りながら，環境を自分なりに理解し，結果的に知識や経験を積んでいる子どもは，大人以上に受け取る感覚が鋭敏であったり働きかけ方も積極的であったりします。しかし，その受け取りや働きかけは必ずしもまんべんなく行われるわけではなく，そのとき興味をもっていることに対しては感覚や働きかけが集中する反面，他のことには感覚がほとんど働かないという傾向があります。

　上の写真の子どもたちはそれぞれ何に興味をもち，どんなことを受け取り，どんな働きかけをしているのでしょう。また逆に，こんなときに無関心になったり感覚が働いていないのはどんな点でしょうか。
　①まず個々で推測してみましょう。
　②各自の推測をもち寄り，グループで意見を交換してみましょう。

　人間は身の周りの環境，つまりものやことがらや人からさまざまなものを受け取り，また周囲の環境に言動などで働きかけるという表現を繰り返しながら生活しています。本章では，子ども特有の受け取り方や表現の仕方について，子どもの特性を理解しながら学びます。また，豊かな感性や表現を育み，子どもにふさわしい生活を築くためにはどのような環境が必要であるかを，園環境など具体的な事例を通して考えます。*1 あわせて，本章を構成している，感性，表現，環境などの言葉の本質について再考し，自分なりの理解につながることを目指します。

・ ・ ・ ・ ・ ・ ・ ● ● ●

1 自分自身と環境

1 自分自身と環境との境目

　環境とは自分を取り巻く周囲のものだと考えるのが一般的です。つまり自分以外のすべてとも言えますが，実は自分とそれ以外のものとの境界はあいまいです。たとえば植物や動物は自分ではないから環境ですが，それを使った料理を食べれば環境であった植物や動物が自分自身になります。大気も水も環境ですが，呼吸したり飲んだりして取り込めば自分自身を構成する要素になります。逆に排泄や呼吸などで外に出してしまえば自分であったものが環境の一部に戻ります。このように環境と自分自身とは実は一体で，常に循環しているだけなのです。

　このことは，環境を考えるときに非常に重要なポイントになります。なぜなら環境を考えることは，常に自分自身を含めて考えることになるからです。

　たとえば，窓から電線にとまった鳥が見えたとします。もしこの鳥が放射能で汚染された土地で育ってきた渡り鳥だったら，この鳥は汚染されています。この鳥が死んで死体が土に溶ければ土は汚染されます。そこから流れてくる川

*1　本章に掲載している写真は，すべて筆者の園（かえで幼稚園：広島県，廿日市市）で筆者が撮影したものである。

写真13-1　収穫

の水も汚染されるので，それを水道から取り入れたり，その水で育った野菜や肉を食べたりすれば私たちも汚染されます。

　いくら文明が進んでも，私たちは自然と関わりなく生きていくことはできません。環境は決して他人事ではなく，自分自身と一体だということをまず自覚する必要があります。

　人間を取り巻く環境は自然だけではありません。人間は文明化のなかで多くの人工物を生んできました。もちろん人工物も，もとは自然から生まれた素材を使い，人間の知恵と技術で自分たちの都合に合わせ，役に立つように組成や形を変えたものです。人間として生きていく以上，人工物との関わりも当然必要ですが，それらも広い意味では自分自身と一体だということを認識する必要があります。

2　もの以外の環境

　ものだけでなく，自分を取り巻く他人の存在も非常に重要な環境だと言えます。人間は一人一人バラバラに生きているのではなく，他人と関わり，互いに影響をし合ったり支え合ったりして生きているからです。子どもも親や家族，同年齢の子や異年齢の子，そして保育者などと密接な関係を築くことで人間として成長していくのです。

　また，ものや人など形あるものばかりではなく，時間も目には見えませんが非常に重要な環境の要素です。極端な例で言えば，非常に優れた園環境に恵まれていたとしても，遊ぶ時間がなければ子どもは何も得られません。子どもが環境に浸り，思う存分遊べる時間を保障してこそ，子どもは自然や人工物からたくさんのものを受け取れるでしょう。

　このように人間を取り巻く環境を考えるときには，場所，自然，人工物など

の「空間」，家族，仲間，保育者などの「人間」，そして「時間」という三つの
「間」で理解を深めることが大事です。

2 感性と表現

1 入口としての感性

　人間を取り巻く環境には多様で膨大な情報が含まれています。たとえば窓を
開けると，空や山や木などの自然物，建物や車などの人工物，歩いている人な
どが見えます。そして風の音，車の音，人の話し声なども聞こえるでしょう。
さらに気温や臭いも感じ取れるかもしれません。これらを受け取るのが人間の
五感ですが，実はすべてを同じように感じ取っているわけではありません。あ
る人は空の青さに目を奪われるでしょうが，別の人は散歩をしている犬に注目
するかもしれません。あるいは，風の暖かさに何かを感じる人もいれば，花の
香りに心奪われる人もいるでしょう。それが一人一人の感性です。つまり多様
で膨大な情報のうち，一部を選択するその人の感性が個性であると言えるでし
ょう。その選択は意識的に行っていることもあれば，無意識に行われることも
あります。感性とはその人が環境を取り入れる入口だと言えます。

2 出口としての表現

　逆に表現とは，周囲の環境に意識
的に働きかけることです。表現には
言葉による情報の伝達や感情の表出
もあれば，笑い，叫び，ボディコミ
ュニケーションなども含まれますし，
道具を介しての表現もあります。そ
れらをどのように使うかがその人の
個性だと言えます。

写真13-2　小さな歌の会

　表現とはその人が環境に働きかける出口ですが，なかでも芸術的な言動，つまり音楽，絵画，製作，身体表現，詩的な言葉などは，人間特有の表現方法と言えるでしょう。

　感性と表現を芸術的なものにする原動力は人間の想像力です。感性と表現は一つの言葉，一つの音，一つの形からさまざまなものを想像したり連想したりすることで芸術性をもち，無限に広がっていきます。それができるのは，まさに人間の特性です。ですから，想像力をかきたてる環境が大事なのです。

3　入口と出口は表裏

　感性は入口，表現は出口と述べましたが，これらは表裏一体の関係です。たとえば音楽の表現方法が上達して豊かになれば，それに伴って音楽を聴いたときに受け取るものもより豊かになるでしょう。逆に豊かに受け取ることができるようになれば表現にも磨きがかかるでしょう。

　しかし，その人を取り巻く環境が貧相であれば感性や表現が豊かになるのは困難です。再び音楽を例にとると，心動かされる豊かな表現力をもった音楽に接することがない環境では音楽的な感性が豊かに育つことはないでしょう。また，音楽で表現をしたとしても，それを受け止めてくれる環境がなければ豊かな表現力は育まれないでしょう。表裏一体である感性と表現が豊かに育つためにも環境の豊かさが非常に重要な条件になります。

3　子どもの特性

　前節では感性と表現，そして環境との関係を述べましたが，成長が著しい子どもたちには特有の感じ取り方，表現の仕方があるようです。結論から言うと個性と集中力の強さです。環境から何を受け取るかを選択し，さまざまな表現方法から何を選ぶかという個性が際立っているのが子どもだと言えます。

　たとえば虫に興味をもっている子が虫を見つけたときの集中力には目を見張るものがあります。その虫の動きなどを感性を目いっぱい発揮して受け取り，

捕まえるという表現のために最大限
の努力を傾けます。そのときには他
のものや状況は眼中から消え去るよ
うです。逆に虫に関心のない子はそ
れこそまったく無視。何も受け取ら
ず何も働きかけません。草むらは前
者の子にとっては桃源郷であるのに
対して，後者の子にとっては歩きに
くい地面にすぎません。

写真13-3　カエルとの対話

　このように個性が大人よりも際立っているのが子どもの特性です。その個性
は子どもの数だけあると言えますし，個々の興味・関心も必ずしも固定されて
いるものではなく，状況や年齢とともに変化していきます。つまり非常に多様
なのです。

　したがって，その個性豊かな感性と表現が発揮され豊かに育つためには，多
様な環境が必要だということになります。

4 多様で手ごたえのある環境

■1■ 多様性とは

　前節で述べた多様な環境とはどういうことかを考えてみましょう。

　まずはいろいろなものがあるということです。虫取りのできる草むら。高さ
に挑戦できる遊具。鬼ごっこなどの集団遊びができるスペース。砂や泥で遊べ
るエリア。ボール，乗り物，縄跳びなどの小道具。室内では積み木や絵本，ま
まごとの道具やボードゲーム，工作の素材，楽器。少し考えるだけでさまざま
な環境の要素が思い浮かぶでしょう。

　しかもそれらの数や量，難易度などは，それぞれの年齢や成長段階に応じた
ものであることが重要です。たとえば積み木遊びを始めたとしても，数が少な
すぎて自分が思うものをつくれないとしたら，その環境では育つものが限られ

てきますし，せっかくの興味も次第に失せていきます。かといって多ければよいというわけではありません。多すぎると気が散ったり整理するのが大変になったりして，集中力がそがれる恐れもあります。

　そして，ただわけもなくものが多いのは「雑多」であって「多様」とは言えません。その一つ一つについて，子どもにとって意味があるかどうかを吟味する必要があります。「こういう遊びにつながるだろうな」あるいは「こういうふうに育ってほしいな」など，保育者の予想や期待にもとづいて行うのが環境設定だからです。もちろん，予想や期待は常に「当たる」とは限りません。予想や期待に反してまったく使われなかったり，予想や期待を超える発展を見せたりすることもあるでしょう。そういう場合も含めて，子どもの様子をしっかり観察し，予想や期待を修正したり新たな環境構成につなげたりしていくのも，保育者の重要な役割です。

　たとえ園の敷地が狭く，いろいろなものを配置できないとしても，保育者が子どもたちの観察をもとにいろいろな予想や期待をあげながら整理し，優先順位を吟味して環境構成を行えば，限られた範囲のなかであっても豊かな環境になっていく可能性はあります。

2　手ごたえとは

　次に「手ごたえ」について考えてみましょう。

レフ・ヴィゴツキー（Vygotsky, L. S.; 1896-1934）という心理学者が「最近接発達領域」という理論を唱えていますが，これを保育に当てはめて簡単に解釈すると，子どもには（人間には）できることとできないことがある。そしてその中間に「できそうなこと」がある。この「できそう」の部分が大切だ，ということだと思います。

　変なたとえですが，私は今，この本の原稿を書いています。でも決してすらすらと書けているわけではありません。一旦書いたことを書き直したり，以前

＊2　ヴィゴツキー，土井捷三・神谷栄司（訳）『「発達の最近接領域」の理論──教授・学習過程における子どもの発達』三学出版，2003年。

読んだ本を読み直したりしながら書いているわけです。でも，そんな苦労をするから，改めて自分の考えをまとめたり，この本を読む人に何を伝えたいかがはっきりしてきたりします。そして，大変だけれど書くことに喜びも感じられるのです。つまり「手ごたえ」があるのです。

　もし，すらすらと書けてしまったら，あまり手ごたえはないでしょう。かと言って，とても自分の能力ではこなせない仕事だったら引き受けることはできません。大人にとっても適度な「手ごたえ」は非常に大切なのです。

　この本の編集者は，私なら何とか書くだろう，という予想と期待をもって私に原稿を依頼したのでしょう。このことを保育に置き換えると，私が子ども，編集者が保育者ということになります。

　話を戻すと，「できそう」という感覚がまさに手ごたえです。その「できそう」が「できた！」になるためには，何が必要でしょうか。

　もちろん本人の努力や工夫が必要です。仲間の模倣をすることでうまくいくこともあるでしょう。あるいは保育者の適切なアドバイスやお手本が効果を発揮するかもしれません。ただ大切なことは，できないからやってあげる，力を貸す，ハードルを下げる，などを安易に行わないことです。それはともすると手ごたえをなくしてしまうことにつながるからです。保育者は子どもの様子をよく観察し，内面を深く推測して，今この子にとって必要な環境や援助は何かを常に見極め続けることが大切です。

　手ごたえのある環境に出会ったとき，子どもは周りからさまざまなものを受け取ろうと目を輝かせます。そしてさまざまな言動を通じて自己表現をしようとします。手ごたえは子どもの感性と表現を活性化させるキーワードです。

5　自然という環境

１　自然はとても多様

　多様性という点では，自然ほど多様なものはないと言えるでしょう。おびただしい数と種類の生き物が，多様な形態を取りながら，それぞれの生き方を探

写真13 - 4 木登り

り続けているのが自然です。

多様な自然環境のなかでは子どもの関わり方も多様になります。たとえば自然の川で遊ぶときには、流れのなかを歩くことに挑む子もいればバシャバシャと水を掛け合う子もいます。浅瀬で石や砂を使って何かをつくる子もいますし、魚や生き物を追いかける子もいます。別の例をあげると、大きな木が1本あれば、木登りをする子、木の実拾いにいそしむ子、葉っぱを使ってままごと遊びをする子、木の幹を使って「だるまさんがころんだ」をする子、木陰で絵本を読んだり一休みしたりする子など、さまざまな関わりができます。

多様な自然は多様な興味に応えてくれますし、また、多様な感性も刺激してくれます。その子その子に合った手ごたえも提供してくれ、一人一人の表現の仕方も受け入れてくれます。これは人工の環境だけでは決して得られないものです。だから自然環境が大事なのです。

2 不都合なものも含めて

自然環境の大切さを述べましたが、なかでもしっかり学んでほしいことは、自然は人間の思うとおりにはならない、という点です。不便なところ、不快なこと、時には不潔なものや危険なものもあります。これらは特に人工環境に囲まれた都市部では体験することが少なくなってきているものですが、これらこそまさに手ごたえを感じさせてくれる要素です。スズメバチなど危険な生き物や毒草など、大人が知識をもって回避すべきものも当然ありますが、不便や不快、不潔を過度に恐れて回避しすぎては、自然からの感覚や学びの機会も十分に生かせない結果になるでしょう。科学的に考察し、「正しくこわがる」態度

をもちましょう。

3　味覚の大切さ

　子どもは五感のすべてを使って自然を受け取りますが，なかでも味覚は自然を感じ取るもっとも重要な感覚です。なぜなら，食べ物はすべて自然の産物であり，食べるというのは自分の身体をつくったり維持したりする基本的な行為だからです。その素材として適切なものを選ぶのですから，味覚は生命としてもっとも重要な感覚だと言えます。

　ところで，自然のなかにある（加工されていない）食べ物には，手ごたえのある味が多いようです。たとえばシイの実は生で食べられるドングリですが，小さくて殻が固いので中身を取り出すだけでも一苦労です。取り出しても甘味が感じられるのはほんの一瞬ですし渋みもあります。しかし子どもにとっては自分で見つけ，自分の手で得た食べ物は，与えられたものとはまったく違う意味をもちます。取って食べる行為そのものに手ごたえを感じるのです。その他カキ，タケノコ，ワラビなど，いずれも味や口触りに一癖あるものばかりです。大人気のキイチゴでも，お店で売られているイチゴに比べれば甘さは控えめで酸味は多め，粒も小さくトゲトゲ感が口に残ります。

　このような味は，子ども向けに甘く加工されたものに比べ，より微妙な感覚を鍛えてくれます。そして自分で手にし，勇気をもって，あるいは仲間のマネをして口に入れてみるという小さな冒険の末に得たものは，子どもにとって単に味覚だけではない大きな価値があるのです。こういう体験を通しながら，自然のなかで子どもたちは感性を大きく広げていきます。

　都会のなかなど自然が少ない境遇であっても，たとえば少しの草むら，小さな土山，実を食べられる木があるだけでも多様性は広がります。そして，子どもは自分から手ごたえのある課題を見つけようとするでしょう。そのためには，人工のものをあえて減らすことも場合によっては必要です。

6 時間という環境

▊1▏　夢中になれる時の流れ

　時間も目には見えないけれど非常に重要な環境の一つです。身の周りに多様なものや自然があったとしても，時間がなければ何も受け取ったり表現したりすることができないからです。子どもたちには，身の周りのものと心ゆくまで関われるゆったりとした時間を保障することが必要です。

　ただし，時間はただ長ければよいわけではありません。自分の時間でなくてはならないのです。たとえば園庭でサッカーに夢中になっていたＡくん。しばらくしたら疲れたので木陰に移ってどろだんごづくりに没頭しました。そして満足したのか，今度は室内に戻って冷えた体を温めながらものづくりにいそしみます。このように，人に指示されるのではなく自分で選択し，コントロールする時間を保障することが大切なのです。自分の時間を十分にもてた子は満足感を得るので情緒が安定します。情緒が安定すれば感性の窓口が広くなり，よりたくさんのものを受け取ることができます。

▊2▏　時間そのものを感じ取る

　時を忘れるほど夢中になれる時間だけでなく，時間の流れそのものを感じ取

写真13-5　稲刈り

れる体験も大事なものです。たとえば焼き芋がゆっくりと焼き上がるのを待つ時間とか，長い物語を最後まで集中して聞けた体験とか，自分の誕生日や楽しみな行事を指折り数えて待ったり，春に植えた種が成長し，秋に実るまでを追ったりする体験などがそれです。

　さらに長い時間をあげれば，小さな木が立派な建造物の材料になるためには何百年という，人間の生命のスケールをはるかに超えた時間が必要だ，ということなど，想像力をしっかりと働かせることでしか体験できない時間も存在します。これらはやはり自然のなかでこそ多く学べることです。

　時間の流れを体験することは，ものごとを長い目で見る感覚を育てるでしょう。そういう体験をしてきた子どもたちは，想像力が豊かになるだけでなく，情緒が落ち着き，一時の感情だけに流されない論理的な思考も身につけていくと思います。

7　人間という環境

　人間は多くの場合，親や家族など親しい人たちのなかで人間らしさを身につけていきます。人間にとって周りにいる人間たちは，他の環境要素とは比べものにならないほどの影響力をもっていると言ってよいでしょう。

　園における人間的な環境は，共に育つ仲間と育ちを支える保育者の二つに大別できます。

1　子どもを取り巻く人間

　共に育つ仲間というのは，自分と同等の年齢，もしくは近い年齢の子どもたちです。同等の年齢の子どもたちは興味・関心が近かったり，体格や能力なども似通っていたりするので，連帯感やライバル心をもちながら刺激し合う関係になります。共に育つという点では非常に重要な存在です。

　異年齢の子どもたちとの関わりも重要です。年上の子たちはときにはモデルとして，ときには指導者として育ちを支えてくれます。それは同等の年齢の子たちとは違う刺激です。逆に年下の子たちとの関わりでは，自分がモデルとなったり指導的な立場になることで相手に配慮をしたり，自分の振る舞い方を振り返ったりします。こういう触れ合いを通じて子どもたちはさまざまな立場の人との接し方を学びます。

2　環境としての保育者

　そして，園においては保育者の存在が何よりも大きな環境となることは言うまでもありません。保育者の役割については本書の主なテーマではありませんので詳しくは述べませんが，一つだけ強調したいのは，保育者は好むと好まざるとにかかわらず子どもたちのモデルになる存在だという点です。もちろん保育者も生身の人間ですから，常に模範的な振る舞いができるわけではありません。欠点を抱え，失敗も繰り返してしまう存在です。しかし，大切なことはそれを隠してうわべを取り繕い先生然として振る舞うことではなく，欠点があっても成長しようとする姿，失敗しても謙虚に反省してそれを生かそうとする姿を素直に見せることだと思います。そして真心をもって子どもたちに接すれば，子どもたちは保育者に親しみをもち，信頼感を寄せるようになります。信頼できる大人が身近にいることは子どもたちに大きな安心感を与えます。そして，安心感は子どもの成長を支える大きな力になります。

　個々の保育者だけでなく，集団としての保育者たちの関係も子どもたちにとっては大きなモデルとなります。園の保育者たちの人間関係や保育者に接する園長の態度など，すべてを子どもたちは敏感に感じ取り，自分たちの人間関係のモデルにします。

8 人間として育つために

1　遊びがなぜ大切か

　子どもにとって遊びが大切だということは繰り返し強調されていることですが，その理由の一つとして，遊びには人間らしさの要素が多く含まれているから，というのをあげたいと思います。

　子どもが夢中になる遊びの要素としては「ものをつくる」「考えたり工夫したりする」「挑んだり試したりする」「競う」「想像する」「共感したり協働したりする」などがあげられると思いますが，これらはすべて人間だからこそでき

る，あるいは人間が特に得意とする行動です。

　たとえば「ものをつくる」という要素を取り上げると，巣をつくるなどの行為は一部の動物も行いますが，多くの種類のものや高度なものを工夫しながらつくりあげていけるのは人間だけです。「競う」という要素に関して言うと，争うことは多くの動物で見られますが，ルールを定め，対等な条件のもとで楽しみながら能力を競い合うという行為ができるのは人間だけです。

　これらの要素は，もちろん互いに関連し合って遊びを形成しているのですが，なかでも環境との関わりが強いのは，自分に必要なものを自分でつくるという行為です。

２　ものをつくるという行為

　園では保育者が季節や行事に合わせた課題を与えてものをつくることも多いかと思います。それ自体はもちろん悪いことではありませんが，重要なのは自分で考え，工夫する要素をたくさん盛り込むことです。自分からすすんでものをつくるとき，子どもたちは完成形をイメージし，使える素材を見つけ，工夫して形にしていきます。時には仲間との協力も必要です。もちろん予想どおりにならないことも多々ありますが，そのときにはさらに工夫を重ねます。

　これら一連の行為は，感性を研ぎ澄ませて環境と関わり，想像力をフルに働かせ，具体的な形に表現していく行為です。子どもに課題を与える場合も，保育者はこの点を十分理解し，子どもの想像力や工夫がより多く発揮できるよう課題選びや環境づくりに留意しなくてはなりません。

写真13-6　ものづくり

3　自然を感じ取るために

　文明化が進み，土の上を歩くことも珍しくなるほど身の周りに人工物があふれている環境で多くの人が暮らしています。しかし，そのような人たちも自然のなかで生産されたものを食べ，自然のなかから取り出した材料でつくった家や服や道具を利用しながら生活しています。

　このように人間はどこにいても自然の一員なのですが，都会化された生活のなかではそれを忘れがちで，自分の生活はお金で成り立っていると勘違いさえしてしまいます。この「自然のなかの一員」という感覚を子どもたちのなかに育てることは，非常に大切な保育の役割だと思います。

　園内や身近なところに豊かな自然があり日常的に接することができれば理想的ですが，実際には人工物に囲まれた狭いスペースしかない園も少なくありません。しかし，何も工夫ができないわけではありません。たとえば次のようなことはできないでしょうか。

《草はなるべく抜かない》

　都会のなかでも土さえあれば野草は生えてきます。人間が種を植えたり水をやったりもしないのに自分の力で育っているというだけでも，野草はたくさんのことを感じさせ，教えてくれます。もちろん野草を使った遊びができるし，虫も増えるかもしれません。

《枯葉を集めてくる》

　園庭に木があれば当然葉っぱが落ちます。落葉樹なら秋から冬にかけて，常緑樹なら春が落ち葉のシーズンです。落ち葉はなるべく置いておきましょう。葉っぱはままごと遊びなどの材料にもなるし，腐ることで肥えた土をつくります。大きな公園などで枯葉や腐葉土をもらってきて園庭に撒くのも有効です。そのなかに小さな生き物が見つかるかもしれません。ムカデやマダニには注意する必要がありますが，人間にとって都合の悪いものがいることも学べます。

《地面に起伏をつけてみる》

　園庭は平らなものと決めてかかる必要はありません。土山とまでいかなくても，少しの起伏があるだけで，水を流してみたり駆け下りたりするなど，子ど

もの遊びは広がります。

《自然素材の遊び道具を使う》

　砂場のスコップや器などはプラスチック製のものが多く使われていますが，可能であれば竹などを加工してつくってみてはどうでしょうか。保育者が自分たちのために遊具をつくっている光景からも子どもたちは

写真13-7　草笛

多くのものを受け取るでしょうし，自然の物が身近な道具に変化する様子や，一つ一つ違う形，大きさなどからも自然の多様さが伝わります。

　また，食育の一環として，食べ物が食卓に並ぶまでを逆にたどってみるのはどうでしょうか。料理をする前にはスーパーや小売店があり，その前には問屋や加工工場があり，その前に生産者があることは，年長児ぐらいになると理解できるでしょう。そして食べ物となる動物や魚や野菜などは，すべて命そのものであるというところにたどり着きます。

　このような環境や活動を通じて，人間も自然のなかの一員であり自然がなくては命が存在しないことを知れば，自然に対して謙虚な姿勢がもてるようになると思います。

4　文明と芸術

　人間は自然のなかの一員であることを述べましたが，必要な物をつくり，さらに高度なものに改良したり工夫を重ねたりすることで生活を便利で快適にしてきたのも人間の素晴らしい一面ですから，それを否定する必要はありません。

　なかでも，人間同士のコミュニケーションや思考の道具としての言語を発達させてきたことと，豊かな心の表現を芸術活動に昇華させてきたのは，まさに人間ならではの素晴らしさですので，子どもにもそれを感じ取ってほしいと思います。

　かといって早くから文字を教えたり，楽器を練習させたりすれば伝わるわけ

ではありませんし，少なくとも園で一斉一律に訓練すべきことではありません。まず感性で受け取り，それが意欲につながってこその表現ですから，一人一人の受け取り方，表現の仕方の違いを尊重することが大前提になります。

　言語では，何よりも豊かで楽しい言葉の世界に触れること。具体的には優れた絵本やお話にたくさん触れて，言葉で受け取ったことを頭のなかで描く想像力を豊かにしていく環境が大切です。もちろん身近な存在である保育者が豊かな言語表現をしているかどうかも重要になります。何を見ても「かわいい！」と「すごーい！」だけで済ませていては表現が豊かにはなりません。その場にもっとも適した言葉を探そうとすることが大切で，それを心がけているだけでも保育者の言葉は豊かになっていきます。

　芸術的な表現も同様で，もちろん優れた音楽，演劇，絵画などの表現に直接触れる体験も大きな意味がありますが，ここでも重要なのは保育者の姿勢です。仮に絵や音楽が不得意であったとしても，その人なりに工夫したり表現しようと努力したりする姿を見せることが大切ではないでしょうか。合奏の練習をさせるよりも，保育者たちがよい演奏をしようとして合奏の練習をしている姿を見せるほうが子どもの感性には響くと思います。もちろん，それにより興味をもった子が楽器を演奏したくなれば，そのときに演奏の仕方や楽器の扱い方などを伝えていけばよいでしょう。

9　子どもにふさわしい生活

　幼稚園教育要領でも，幼保連携型認定こども園教育・保育要領でも，保育所保育指針でも「(乳)幼児期にふさわしい生活（体験）」という言葉が登場しますが，これは保育を進めていくうえでもっとも重要なキーワードの一つだと言えるでしょう。

　しかし，「ふさわしい」というのは非常にあいまいな言葉でもあります。保育者によっても捉え方は一人一人違うかもしれません。保育は正解のない仕事だとも言えますので，正解を一つに決める必要はなく各自が自分の最適解を求めていけばよいのですが，子どもの立場に立って行うのが保育だという原則に

写真13－8　楽しくがんばる

添えば，最適解の範囲は自ずと導き出せるのではないかと思います。

「豊かな感性と表現を育む環境づくり」という本章のテーマに今一度立ち戻ると，まずは子どもらしいものの見方，感じ方，想像力，表現方法を尊重すること。逆に言うと大人の見方，感じ方，表現方法などを押しつけないことが大切です。そして，当然のことながらそれらは子ども一人一人によって異なるわけですから，それぞれがもつ個性を安心して発揮できる環境が大切です。

室内環境を例にとれば，自由に工作ができる場所と素材，落書きができるコーナー，自由に触れられる楽器などです。もちろん心ゆくまで楽しめる時間が必要ですし，素材の質も子どもにふさわしいものでなくてはなりません。たとえば楽器なら何でもよいわけではなく，高価でなくてもきれいな音が鳴るものを置くようにしましょう。

まとめ

幼稚園教育要領には「幼稚園教育は（…中略…）環境を通して行うものであることを基本とする」という文言があります。幼保連携型認定こども園教育・保育要領や保育所保育指針にも同様の表現があるとおり，子どもは身の周りのものや人などの環境から自分の感性を通じて多くのものを受け取り，さまざまな方法で表現しながら環境と関わり，自分の力で主体的に育っています。感性と表現はいずれも環境を相手にして成り立つものですから，切り離して考えることはできないということをまず理解しましょう。そのうえで保育者は，自らが環境の一要素であり要（かなめ）であることを意識しつつ，子どもにふさわしい環境を考え，創造できるようになりましょう。

さらに学びたい人のために

○出原大『毎日の保育で豊かな自然体験！　自然・植物あそび一年中』学研教育
みらい，2010年。

　　保育現場で過ごし，自園の園庭を森に改造していった著者が紹介する楽しい
植物あそびいろいろ。栽培，飼育のヒントや有毒植物などの知識も学べます。

○瀧薫『保育とおもちゃ——発達の道すじにそったおもちゃの選び方』エイデル
研究所，2011年。

　　環境づくりの具体的な方法やいいおもちゃを，保育経験の豊かな著者がたく
さん紹介してくれます。あそびに没頭している子どもたちの写真もいっぱい。

○子どもと保育総合研究所（編）『子どもを「人間としてみる」ということ——
子どもとともにある保育の原点』ミネルヴァ書房，2013年。

　　佐伯胖氏ほか5人の著者が，「遊びとは？」「学ぶとは？」「育つとは？」「子
どもとは？」など，子どもとともにある保育の原点を探ります。

第 **14** 章

子どもの感性を育む保育者

- 実際に保育現場であがった具体的な事例から演習形式で子ども理解を深める。
- 主体性についての基礎的な理解を深める。
- 保育者の在り方，関わり方について多様な視点から考察する。

WORK　きこちゃんはだぁれ？

　次の写真を見てあなたは何を感じますか。見る人，やってみる人，やっ
てもらう人。一人の子でも場面によっていろいろな立場になります。

おねえさんがやっているのをよく見る
A

自分も真似してやってみる
B

やってもらう気分を味わう
C

1．個人で考える（5分）

2．グループで考えたことを話し合う（20分）

3．グループで整理し，発表する（整理15分，発表時間1グループ5分）

● 導　入 ● ● ● ● ● ● ● ●

　感性を育む保育者と言われて，あなたはどう思いますか。感性を育む保育者とは「私」であり，少し未来の「あなた」でしょう。ここで問題になっているのは，感性を育む「手法」でもなければ「環境」でもありません。問われているのは保育者としての私であり，あなたという存在です。その存在が感性を育むとされているのです。表現教育に力を入れるとか，自然に触れさせるとか，楽器を持たせるとか，絵本をたくさん読むとか，そのすべてをまんべんなく行うとか，そういうことではなく。そもそも感性とは何でしょうか。それを保育者という存在が育むとはどういうことでしょうか。

　この章では，具体的な事例を参照しつつ，感性を育むとはどういうことかを共に考えてみたいと思います。またところどころに演習を入れていきますが，ちょっと見ると保育の演習とは思えないかもしれません。手の内を明かしてしまえば，「感性を育む保育者」というものの答えが私に見えているわけではないのです。演習をみなさんと進めながら，私自身もこの問いに向き合ってみたいと思います。

● ● ● ● ● ● ● ● ● ●

1 感性を育む保育者とは

■1■ そら豆を育てる人，ラーメンをつくる保育者，感性を育む保育者

　たとえばこれから論じるのが「そら豆を育てる人」というタイトルであるなら，あまり私たちは悩みません。「そら豆」はあのそら豆だし，育て方は調べればすぐわかります。「そら豆を育てる」が次に続く「人」にかかってくるのだから，その「人」もまたわかりきっています。この文のなかの「人」というのは「そら豆を育てる」人にほかならないでしょう。ところが私たちに投げかけられているのは「感性を育む保育者」です。

　まず「感性」はそら豆ほどわかりやすくありません。また育てるではなく「育む」とは何でしょうか。加えて，感性を育む「保育者」です。「感性を育む人＝保育者」と簡単に言えないのは，感性を育むのが保育者に限らないだろうからです。「感性を育む音楽家」でもいいでしょうから。仮にこれが「ラーメ

ンをつくる保育者」であるなら悩みません。それは単にある特定の状況（ラーメンをつくっている，それがたまたま保育者であった）を表しているのにすぎないからです。しかし「感性を育む保育者」という一つながりの語句からは，保育者という存在の要件に関わるであろうニュアンスが感じられます。感性を育むのは保育者だけではないけれど，保育者というものは感性を育むものである，というような。

2　感性という言葉

　では，感性とは何でしょうか。英語でいうと sensitivity, sense, sensitiveness, いやどれもしっくりこない。ギリシャ語の ethos だ，いやもうそのまま「kansei」でいいじゃない……。感性という言葉は，その訳語を見るだけで字数が尽きてしまうようなやっかいな言葉です。では，語源はどうでしょうか。[*1]

【感】
　　なりたち：心と音符咸とから成る。外物に対して心が動く意を表す。
　　意　　味：物事に触れて起こる心の動き。
【性】
　　なりたち：心と生とから成り，人に生まれながら備わっている心の意を表す。
　　意　　味：生まれつき。もって生まれた心のはたらき。万物それぞれが有する本質。

　これを見ると，感と性とは相反しているようにも思えます。「感」は何かの刺激を受けてから起こる心の動き。「性」はそもそも備わっている，心の自ずからなる動きを表しています。受けて動く「感」。自ずからなる「性」。あえて相反する語を並置することで，相反する質が感応し合う力学的な作用そのものが「感性」という言葉なのでしょうか。はたまた日本語の語順のとおり「何かの刺激を受けて動く（感），その自ずからなる心の動き（性）」なのでしょうか。

＊1　小川環樹ほか（編）『新字源　改訂新版』角川書店，2017年。

3　育むと育てる

では「育む」とはどういうことでしょうか。字引にはこうあります[*2]。

【育む】

　　親鳥がひなを羽で抱いて育てる。大切に守り育てる。「はぐくむ」は「羽
　（は）包（くく）む」であって，羽で包んで保護するの義。「くくむ」は大切
　につつむ，くるむという意味の動詞で「はかまにおしくくみて，かき抱き給
　ふ」（宇津保物語・蔵開・上）などと使った。羽で大切におおい包むというこ
　とから，鳥に限らず大事に養育する，世話をするなどの意味にもなった。

「育てる」と意味上では同じなのにずいぶんニュアンスが違います。「育て
る」という言葉からは育てる側の勢いのようなものが感じられます。「育む」
にはそのような勢いは感じられません。むしろ，くくむ（含む）ものを損なわ
ないような配慮が感じられます。文章にしてみればその違いはなおさらはっき
りします。「育てる」を文のなかに置いてみれば「私は〜を育てる」となりま
す。一方，「育む」は「私は〜を育む」という文章ももちろん可能ですが，用
例としてはむしろ「○○は□□によって育まれた」という受動態のほうがより
多いのではないでしょうか。

「育てる」が育てる側をより強く意識させる語であるのに比べ，「育む」は育
まれる側をより意識させます。育む側はその行為の後景にひそやかに生きてい
ます。

演習1　「育てる」と「育む」の違い
　「育てる」「育む（育まれた）」それぞれの用例を書いてみましょう。
　・私は〜を育てる　（例：私はそら豆を育てる）
　・○○は□□によって育まれた　（例：そら豆は大地によって育まれた）

＊2　小松寿雄・鈴木英夫（編）『新明解　語源辞典』三省堂，2011年。

4　保育者とは──保育者の当事者研究

さて保育者です。保育者とは何者でしょうか。問いというのは，それが誰によって問われているかということが重要です。この問い，「保育者とは何者か」は保育者である私（筆者）によって，いま問われています。私という保育者が保育者とは何かと問うとき，それは保育者論であり，保育者による当事者研究でもあります。ただそれは今まで十分に深められてきたとは言えません。保育者が保育者自身について豊かに語ってきたとは言えないのです。私という一人の保育者による当事者研究でもあります。そしてそれを今，他ならぬあなたに向かって，私は話しだそうとしています。

難しく考えることはありません。まずは事例を見て，子どもたちの姿から考えてみましょう。

2　「どうして」と「どのように」

1　「どうして泣くのか」と「どのように泣くのか」の違い

> **エピソード1　ようちゃんの話──世界の終わり** [*3]
>
> ようちゃん（1歳）という子が泣いていました。保育者に声をかけられても泣いています。抱っこされると，身をよじってもっと泣きます。
> 子どもが泣いているとき，それが悲しいのか，さみしいのか，具合が悪いのか，怒っているのか，よく見ているとわかります。
> ようちゃんはあきらかに怒っています。
> 「なんで，ここにいなくちゃいけないんだ！」
> 「うるさい，こえなんか，かけるな！」
> 「だっこするな！」
> そんな泣き方です。園庭に出たのでぼくが近づくと「あっち！」と指さ

＊3　「上町しぜんの国園だより」（2019年4月）より。

しながら，歩きます。しばらくようちゃんについていってみることにしました。

　ようちゃんは園庭の階段をあがり，上のテラスを歩き，デッキにのぼり，他の部屋をのぞきました。怒ったように泣いてはいるものの，あちこち歩き回って，ここがどんな場所なのか探索しているかのようです。

　大人は，子どもが泣いているとき「どうにかしてあげたい」と思います。できればすぐに泣きやんで，いつものかわいい顔で笑ってくれないかなと思います。でも子どもはどんなに小さくても，一人の人間です。意思があります。ようちゃんの泣き方を見るにつけ，この人はなんて立派な人なんだろうと思いました。ちゃんと自分の意思で，「だっこなんてされない！」「こっちにいく！」と示しているのです。そんなようちゃんを，ただ小さいからという理由で，その意思を無視して抱き上げるのは気が引けました。だからただそばにいました。

　ようちゃんはぐんぐん階段を登りますが，降りるときは少し不安そう。ようちゃんが段差を降りるときに，手を差し出してみました。すると，ようちゃんはぼくの右手の人差指を握ってくれました。子どもたちの信頼は，はじめは指いっぽんぶんです。でもなんてうれしい指いっぽんぶんでしょう。

　今度はようちゃんに向かって両手を広げてみました。いつでも抱っこできるからね。でも無理にはしないよ。ようちゃんが許してくれたら抱っこするよ。ようちゃんはぶんぶんと首を横に振って，また「あっち」と指さしました。

　しきりに園庭の外壁を指さします。いや壁じゃなくて，園の外を指さしているのかもしれない，と思いなおし，「外見る？　抱っこしていい？」と聞いてみました。ようちゃんから特に拒否もされなかったので，抱っこして，外をのぞいてみました。

　そこには道がありました。道には車が通り，人が通り，自転車が通っていました。ようちゃんは最初のうち遠くを指さして泣いていましたが，だんだんと目の前を通り過ぎる車を指さして「おっ，おっ！」と言い始めました。もう泣いてはいません。

　今度は犬が通り過ぎます。「おっ，おー！」。今度は赤ちゃん。「ふふっ，ははは」ようちゃんが笑い出しました。通り過ぎる人たちも，「遠くか

らも聞こえてたよー（泣き声が）。すぐになれるからねー」と声をかけて
くれたり，ようちゃんに犬を見せに近づいてきてくれたり。
　10時過ぎから11時くらいまで。ずっとようちゃんを抱っこしていました。
お昼ご飯のお味噌汁を飲むときに腕がぱんぱんで，お椀が持ち上げにくい
ほどでした。でもその腕のしびれは，ようちゃんと一緒にいた時間のうれ
しさを，しばらくの間ぼくに思い出させてくれました。

　子どもがはじめて園に預けられて泣く。どうしてでしょう。お母さんから離
れたから。はじめての場所で不安だから。どうしていいかわからないから。ど
れもそのとおりではあるけれど，どうもしっくりきません。これらの理由はど
れも外側から見られたものであり，子どもの実感からは遠いのではないでしょ
うか。理由がわかったところで，保育者は納得できるかもしれませんが，泣い
ている子ども自身は理由では納得できません。「どうして」泣いているかがわ
かっても，子どもの実感，「どのように」泣いているかはまた別のことだから
です。保育者はその「どのように」を子どもと共に生きる必要があります。理
由はどうでもいいといっているのではありません。しかし「どうして」は「ど
のように」を含んでいなければいけません。共感が伴わない理由の納得は，見
限りです。「どうして泣いてるの」「ママが行っちゃったぁ！」「また帰ってく
るから，ねっ，そんなことで泣くなんておかしいよ」という応対になりかねま
せん。

　では子どもはどのように泣いているのでしょうか。はじめて園に預けられて
泣いている子は，まさにこの世の終わりのように泣きます。それは比喩ではあ
りません。今まで慣れ親しんできた世界から突然突き放され，見知らぬ世界に
投げ込まれる。それは子どもにとっては自らが拠って立つ世界の根本的な組み
換えを要請するものであり，まさに世界の終わりです。私たちは子どもの世界
の終わりに共感できるのでしょうか。どうしたら子どもが生きている世界に少
しでも近づけるのでしょうか。

　難しく考えることはありません。このことをもう少しリアルに感じるために，
ムーミンの話をしましょう。ムーミンたちはいつも冬になると冬眠するのです

が，あるとき突然にムーミントロールだけが冬眠から目が覚めてしまいます。まだまだ春は遠いというのに。ムーミンだけが一人きりで，見知らぬ冬という世界のなかに取り残され，生きていかねばならなくなります。家族や親しい友達はみな眠っています。いちばん頼りにしているムーミンママさえも。ムーミンはムーミンママにしがみついて言います。[*4]

　「ママ，おきてよ。」
　ムーミントロールはこうさけぶと，はしりもどって，ママのふとんをひっぱりました。
　「世界じゅうが，どこかへいっちゃったよ。」

初めて園に預けられて泣いている子の気持ちを，ムーミンならきっとわかることでしょう。

> 演習2　あなたのなかの世界の終わり
> 　あなたは「世界の終わり」を体験したことがありますか？
> 　あるとしたらどのようなときですか？

2　石ころを見せるという心の開き

エピソード2　じんくんの話──心の頼り[*5]

　木に登って，ふと下を見ると，じっと立ち尽くしている子がいます。どんな顔しているのかな，木の上からでは見えないので降りて，横からのぞいてみました。とってもドキドキしてる顔。今にも泣き出しそうです。
　その男の子がしゃがんだので，ぼくもしゃがみました。よく見ると左手に何かを握りしめています。ぐっと力をこめた握り方です。

＊4　トーベ・ヤンソン（作・絵），山室静（訳）『ムーミン谷の冬（新装版　青い鳥文庫）』講談社，2014年。
＊5　「上町しぜんの国園だより」（2019年4月）より。

245

「あー，ありんこいるかなー。いないなー。あ，木の枝あったー」。ぼくは
ぼくでとなりで遊び始めました（子どもたちに近づくときには，いきなり
「どうしたの？」などと声をかけると警戒されてしまいます。「ぼくはぼくで，
たまたま近くにいるだけだけど」というくらいの距離感で近づいていきます）。
すると男の子がほんの少しだけ顔をこちらに向けました。

　「木の枝いる？」と聞いてみました。男の子は少し迷ってから，右手で
木の枝をとりました。それから左手に握りしめていたものを見せてくれま
した。「ほら，これだよ」という感じで。

　それは小さな石ころでした。知らない場所，知らない人たち，知らない
時間。そんな真っただ中で，心の頼りに，小さな石ころをぎゅっと握りし
めていたのです。その「ぎゅっと」にも心を打たれましたが，心の頼りで
ある石ころを見知らぬぼくに見せてくれたことに，その子の心のやわらか
さを感じました。

　その男の子は，じんくん（1歳）という名前でした。じんくんとぼくは
いっしょに階段を登って，また降りて，電車で遊びました。

　子どもたちの「はじめまして」はこんなドキドキと，やわらかさに満ち
ています。

　子どものほうから心を開いてくれるということがなぜ起こるのでしょう。見
知らぬ場所で，世界の終わりのなかで，見も知らない他者に向かって，なぜこ
のように心を開けるのでしょうか。それはある意味では，未知のものへ向かっ
て自分の存在を投げ入れることです。ここでもまた同じような問いが私たちの
なかに起こります。このような未知への投げ入れ（しかも親密な世界から引き剝
がされた状態で）に私たちは共感できるでしょうか。

　難しく考えることはありません。

　たとえば私はこんな物語を書いてみます。

ダンスパーティーで

「ダンスパーティーに行こうよ」と，ともだちくんに誘われたのは９月の初めの頃だった。ぼくはダンスパーティーとか行ったことないし。でも「きっとたくさん顔見知りもいるからさ」とともだちくんが言うので行ってみることにした。

ダンスパーティーは新宿で開かれる。西口を出てアルタをくるっとまわり歌舞伎町へ。八百屋の前を過ぎて，右手の細い路地に入り，階段を二回りくるくると降りるとそこが会場だった。

重い扉を開けるとなかからものすごい音。音がまるで膜のようになってぼくのからだを押してきて，思わず後ろに倒れそうになった。カウンターに腰掛けている二人組の一人が，ぼくを見て笑いながら言う。

「おい，あいつ，見ろよ」

二人組のもう一人が身をよじり，ぼくのほうを見てやはり笑い出す。それから何か言いたいことあるなら言ってみろという感じでぼくを見る。ぼくは目をそらす。

そのときふいに部屋の照明が落ちる。真っ暗だ。スポットライトがあたっている片隅にはDJがいる。ともだちくんだ。ともだちくんは口にマイクを押し当てて，何かを言う。たぶん何かを言ったんだと思う。でもそれはうめき声にしか聞こえなかった。そのうめき声が終わらないうちに音のかたまりがあたりに鳴り響く。轟音が空気をばりばりと破っていく。まわりに立っていた人々が踊りだす。飛び跳ねながら，ぶつかり合う。ぼくのほうにもぶつかってくる。そのなかでぼくだけが一人立ち尽くしている。ぼくだけが動きもしないし，音にも身を任せない。

「おい，あいつ，見ろよ」

どこからかまた声が聞こえた気がする。ぼくは耳をふさごうと思う。でもそんなことしたら負けだと心がつぶやく。耳をふさいじゃいけない。絶対に。

そのときふとポケットに入っているものに気がつく。それはなんてことのないもの。このなかの誰にも関わりのないもの。でもぼくにとっては大切な心の頼りだ。それを握りしめる。それを握りしめている限り，ぼくはぼくを手放すことはない。誰かにこれを見せようか。でもまわりの人はあいかわらず体をぶつけ合って踊っている。そして音がばりばりと空気を破っている。ぼくは手のひらを開いた。そこに握っていたのは……

じんくんの「どのように」に近づくために，私はこんな物語を書いてみました。これは事実ではないけれど，まったくのつくり話でもありません。これは物語なのです。さてあなたは？　子どもの「どのように」に近づくために，あなたは何をしてみますか。

演習3　あなたにとって心の頼りは何ですか

　心の頼り。それは物でもいいですし，思い出でもいいのです。いつか見て，ふと心のなかにとどまっている風景でもかまいません。もちろん人でも。あなたにとって，心の頼りになる物や，記憶や，人は何ですか。それを打ち明けるか，打ち明けないかは完全にあなたの自由です。

3　保育のアクチュアリティ

　子どもが「どのように」世界を生きているのか。そこに共感するためには，私たち自身も今自分が生きている温度をもち出す必要があります。共感の根っこには，保育者自身のアクチュアリティが必要なのです。アクチュアリティについて木村敏は次のように説明しています。[*6]

　つまりアクチュアリティには，リアリティと違って，「現在」とか「目下」とかの時間的な意味が強いのです。

　アクチュアルという言葉は，「行為」「行動」を意味するラテン語の actio（英語では act）から来ていて，現実に対して働きかけている現在進行中の行為，あるいはそのような行為を触発している現実に関している言葉です。

　これに対してリアリティのほうは，やはりラテン語で「もの，事物」を意味する rest から来ています。ということは，それは主として対象的に認識可能な事物側の事実存在（実在）を表すわけで，認識が完了して事実が事実として確認されなければリアリティとはいえません。

　目の見えない人が全身で周囲の情勢を感じとり，それによって確実に世界

＊6　木村敏『からだ・こころ・生命』講談社，2015年，p. 60。

を捉えているように，この身体感覚はわたしたちの実践的な行為や行動と切り離しがたく一体となって，通常の認識が対象化しえない世界の「肌理」，世界のアクチュアリティをわれわれに教えてくれます。

　難しく考えることはありません。

　子どもは今を生きています。その子どもが「どのように」世界を生きているかに共感するには，私たちも自身が「どのように」世界を感じ，生きているか（アクチュアリティ）をもち出す必要があるのです。そのアクチュアリティを用いて，子どもの「どのように」を触診していくのです。それは保育のなかで「私はこう生きています」という決意表明を行うことではないし，むやみやたらと自己主張をすることではありません。むしろもっと漠然としたもの，「感じ」としてしか言い表せないものとして立ち現れます。その感じは漠然とはしていますが，〈目の見えない人が全身で周囲の情勢を感じと〉っているのと同じくらい，確かなものです。

　具体的に言いましょう。朝保育室に入っていったとき，私たちは何かの感じを受けます。今日はしっとりしているな。今日はなんだかざらざらしているな。子どもたちの様子，保育者たちの表情，人の密度，その日の天気，昨日あったこと……いろいろな要素が絡まり合って，保育の場の雰囲気として立ちのぼってきます。私たちは部屋に入った途端にそれを感じます。

　このように，私たちは「感じを用いて」保育の一日を始めていきます[*7]。しかしおもしろいことに，一たび保育の場で起こっていることを語ろうとすると，私たちは「誰か」や「何か」に焦点をしぼって語りだします。「～ちゃんがさっきね」とか「公園行ったらもうバッタがぴょんぴょんしててね」など。けれど実際の現場で私たちが受け取っているのは「誰か」や「何か」ではなく全体的な場の感じなのです。もちろん子どもを一人一人丁寧に，個別的に見なくてもいいと言っているわけではありません。それはむしろその後に起こってくることなのです。私たちはまず状況そのものから何かの感じを受けます。実はこ

＊7　前述の木村敏は，また別の論文のなかで，統合失調症を診断するときに「感じ」を用いて行うと述べている。木村敏「『こと』としての生と死」『医学哲学　医学倫理』35，2017年，pp. 42 -48。

の感じの用い方こそ，子どもが実際に生きている現場，また感性が立ち上がる現場なのではないでしょうか。次の節では，冒頭の WORK の写真にもどってそのことを見てみましょう。

演習4　朝，窓を開けたら……

　朝，窓を開ける。うーん，今日はなんだか○○だな。
　朝，窓を開ける。おー，今日はなんだか○○じゃないか。
　朝，窓を開ける。今日もあいかわらず○○な感じ。

　朝起きて，部屋のカーテンをざらっと開けると，私たちは何かの感じを受け取ります。気分と言ってもいいし，もっとかすかなその日の空気感と言ってもいいものを。自分が生きているそのときの心持ち，天気，光の加減，すべてのことが影響しているのかもしれませんが，それらを分析したり，突き止めたりする間もなく一日は始まっていきます。朝，窓を開けたら，今日はどんな感じがするでしょうか。書き留めてみましょう。

4　主語の偏在，感性の所在

1　きこちゃんは誰？

　冒頭の WORK の写真Aでは，きこちゃん（写真左側）は，ゆいちゃん（右側）がゆのちゃんにミルクを飲ませているのを見ています。写真Bでは，きこちゃんが，いおくんにミルクを飲ませる真似をしています。写真Cでは，きこちゃん（寝転んでいる人）が，じんくんに飲ませてもらっています。

　きこちゃんは，写真Aで受けた刺激を，写真Bではやってみる側として，写真Cではやられてみる側として，経験しなおしている，と言えばいいでしょうか。見て，やって，やられてみる。経験ということに含まれる複雑さが一連の写真から見てとれます。その複雑さとは何でしょうか。

　この一連のなかで，「きこちゃんは誰なのか」と問うのは思ったよりも複雑です。でもそれを紐解くことが，きこちゃんの感性の所在を確かめることにつ

ながりそうです。きこちゃんの感性は何に刺激を受け，どう働き，このような行為に至ったのでしょうか。

　見る。飲ませている。飲まされてみる。きこちゃんは次々と立場を変えながら，その立場に「なってみる」ことをしてみました。だとしたら最初の見る段階で，きこちゃんの感性はゆいちゃん（及び，ゆいちゃんがやっていること）だけに刺激を受けていたわけではなかったということになります。「飲ませている」だけに刺激を受けているならば「飲ませている」だけを繰り返してみればよかったはずで，「飲ませてもらう」は生まれません。しかし実際は「飲ませてもらう」も生まれています。きこちゃんの感性はゆいちゃんだけではなく，また飲ませてもらっている赤ちゃんだけでもなく，その状況全体に働いていたと言えるでしょう。

　きこちゃんが「見ている」と書きましたが，「見る」とは何でしょうか。写真Aのきこちゃんは，食い入るように見つめています。離れたところからまなざしを投げかけているというよりも，この状況全体にのめりこみ，食い込み，つっこんでいるようです。このときすでにきこちゃんは，きこちゃんでありながら，飲ませているゆいちゃんであり，飲ませてもらっている赤ちゃんであるのではないでしょうか。いや，むしろそのような「誰」であるかというのは後々に分化していくのであって，きこちゃんの感性は出来事全体に溶けていってしまっているのではないでしょうか。まず出来事そのものがあり，そこに感性が動きます。それぞれの人物に焦点をあてて語れば，「きこちゃんが見ている」「ゆいちゃんが飲ませている」「赤ちゃんが飲ませてもらっている」となりますが，そのように記述しても，このときのきこちゃんの感性の動き，そのアクチュアリティはうまく言い表せないように感じます。

　たとえば私たちが小高い丘に登り，夏の空に浮かぶ大きな雲を眺めていたとします。そのとき私たちは「ふわぁ〜！」と言うかもしれません。あるいは「あー，心が解放されるー」と言うかもしれません。しかしいったい何から解放されるのでしょう。日常からでしょうか。おそらく心は「私」から解放されるのではないでしょうか。普段私を私として成り立たせ，振る舞いを求め，また心をいつでもそこに立ち還らせる私という主語から。心は私から解き放たれ

て，のびやかに湧き立つ夏雲と一体になり，ゆったりと空を流れていく。その
ときの心持ちを言い表そうとしたら，「私は……」で語りだしたらしっくりこ
ないでしょう。「ふわぁ」とか「あー」のほうにアクチュアリティを感じるで
しょう。私という，またきこちゃんという，主語に縛られていたら言い表せな
い地点にこそ，感性は立ち働いているのではないでしょうか。

2　改めて，感性を育む保育者とは

　では感性を育む保育者とは何か。さっぱりわかりません。でも私たちはヒン
トのようなものは手にしています。感性というものはどうやら「私は……」で
語りだしたらうまく捉えきれないもののようです。「私は……」で語りだすと，
私は雲であり，風であり，空であり，と主語が至るところに偏在していってし
まいます。感性とは，私とか雲とか風とかに分けられる前，状況や場と私とが
混然一体となっているときに，立ち現れてくるもののようです。そしてその感
性を育むとは，それを損なわないように羽でくくむ（含む）こと。育むときに
「どうして」だけではなく，「どのように」への共感が成り立たなければいけま
せん。そのために私たちは私たち自身のアクチュアリティを生きる必要があり
ます。
　保育者になるということは，私を捨てて「保育者」という仮面をつけるので
はないようです。またどこかに優れた保育者というのがいて，その優れた点を
項目として抽出し，その項目をすべて満たしていくことが保育者になっていく
道ではないようです。むしろ保育者という存在を通して私はより私になってい
くのです。
　ただしそれはまた目の前の子どもという他者に触れながら起こることでもあ
ります。またその他者との関わりが生みだす状況に，私も含まれていくことで
もあります。含まれながら，いったん「私」は溶けますが，含まれるためには
そもそも私自身のアクチュアリティを必要としています。
　このように見ていくと，感性を育む保育者とは，私，他者，状況のなかで絶
えず往還する運動のようにも思えてきます。

難しく考えることはありません。

その運動を子どもたちはあなたの目の前で今日もしなやかに生きています。

 まとめ . . . .

　少々理屈っぽくなってしまいました。ただ私がこの章を通してみなさんに伝えたかったのは，保育の現場で自分が受け取っている「感じ」なのです。保育の現場に立って，子どものとなりにいるときはあんなにもありありと感じられているものを，いざ言葉にして伝えようとするとこんなにもむずかしいということに，いまさらながら驚いています。わかってほしいのは，理屈から出発しているわけではなく，あくまで私が保育者として保育の現場から言葉を立ち上がらせようとし，また保育の現場へ還っていく言葉を探しているのだということです。そういう意味では私がここまで書いたことはすべて，みなさんが保育の現場に立てば容易に了解できることなのです。では次は子どものとなりで，お会いしましょう。

. . . .

 さらに学びたい人のために

○ミハイル・バフチン，望月哲男・鈴木淳一（訳）『ドストエフスキーの詩学』筑摩書房，1995年。

　　ロシアの文豪ドストエフスキーの創作手法について書かれた本です。モノローグではなく，登場人物それぞれの声が響き合うポリフォニーという概念を提示しています。保育の場もまさにポリフォニックです。

○三木成夫『胎児の世界——人類の生命記憶』中央公論新社，1983年。

　　胎児の解剖研究から，個体発生は系統発生を繰り返すという説を提唱。私たちの感性の由来が生命記憶にもとづくのではないかという展望を開かせてくれる一冊です。

おわりに

表現することの前提にあること

　本書では，子どもの表現の発達を理解すること，身体，造形，音楽のさまざまな手法を用いた子どもの表現を理解すること，そして表現の指導方法を理解することを通して，「感じたことや考えたことを自分なりに表現することを通して，豊かな感性や表現する力を養い，創造性を豊かにする」という領域「表現」の基本について学びました。

　みなさんは，保育所保育指針等のなかで述べられていることと，本書であげられた具体的な子どもの姿や保育場面の事例とを結びつけて考えることができたでしょうか。たとえば，「感じたことや考えたこと」を「自分なりに表現する」というのは，それほど簡単なことではありません。「子どもは何を感じただろうか」「何を考えているのだろうか」ということを，保育者はどのようにして理解すればよいのでしょうか。乳幼児期の子どもは，実際に見たり，聴いたり，触れたり，匂いをかいだり，味わってみたり，身体を動かしてみたりというように，直接的で具体的な体験を通してさまざまなことを感じたり考えたりします。保育者は，子どもの心がさまざまに動くように，多様な体験ができるようにと遊びを工夫したり環境を整えたり，保育の計画を立てたりするのです。

　また，「自分なりの表現」についても，「どのようにすれば自分なりの表現ができるのか」を考える必要があります。「何でもよいから自由につくってごらん」と言われても，イメージをもてなかったり，経験したことがなかったり，表現方法がわからなければ表現のしようがありません。「自分なりの表現」ができるようになるためには，さまざまに体験したことを自分のイメージどおりの表現につなげるための多様な表現方法を知っている必要があります。

　たとえば，遠足で動物園に出かけたという直接的な体験を通して，子どもた

ちは何を感じ，考えるでしょうか。そしてその体験から感じたことや考えたことをどのように「自分なり」に表現するのでしょうか。学生に聞いてみると「絵を描く」という意見がもっとも多く聞かれます。しかし，動物園で得たさまざまな体験（実際に見たり，触れ合ったりすることを通して感じたり考えたりしたこと）は「絵を描く」以外の方法で表現することはできないでしょうか。ぞうの鼻の長さに興味をもった子どもは，長い鼻を「つくること」で表現したいと思うかもしれません。サルの動きに興味をもてば「サルのように動いてみる」というように，身体で動きを表現するかもしれません。あるいは，動物園全体に興味をもてば，「動物園づくりをしたい」と思うかもしれません。保育者は，「遠足に行った体験は翌日にお絵描きする」というように決めつけるのではなく，どのような方法で表現することが，いま目の前にいる子どもたちにもっとも適しているかというように考えて保育を行う必要があります。そのためには，絵を描く，製作する，ごっこ遊びや劇遊びをする，歌を歌う，楽器を演奏する，ダンスを踊るなど，多様な表現方法があるということを保育者自身が知っている必要があります。また絵を描く方法だけでも，クレヨン，色鉛筆，水彩絵の具など，画材はさまざまです。子どもの年齢や発達に応じて，どのような素材を用いてどのような方法で表現することがよいのかを考えなければなりません。

子どもの主体性は大切にされているか

　本書の各章で述べたことや取り上げた事例はすべて，「子どもの主体性を大切にする」という保育・幼児教育の基本をふまえ，どのようにして子どもの感性や表現する力は育つのかということを示した事例です。近年では，多くの園がこの基本をふまえた保育を行っていますが，保育者主導の教え込む形での保育が行われている園もあります。その違いは一体何でしょうか。そのような園でよく聞かれることは「子どもはやれば何でもできるんです」とか「子どもの可能性を伸ばしているんです」という言葉です。ある園の4歳児クラスで，発表会に向けてダンスの練習をしていました。担任保育者は30名近くいる園児全員を同時に指導することはできないので，三つのグループに分け，その一つのグループの10名程度の子どもに指導をしていました。動き方，手の上げ方，足

の動かし方など，全員が保育者の指示どおりに踊り，他の子どもと違う動きをすることは許されませんでした。残りの二つのグループの20名ほどの子どもは，その練習の順番がくるのを待つ間，何をしていたでしょうか。ダンスをしている子どものほうに向くように並べられた机の上には個人用の粘土板が並べられ，待っている子どもたち全員，粘土遊びをしていました。「待っている子どもは粘土遊びをしていましょう」という保育者の指示があったからです。しかも「ダンスの練習の邪魔になるのでおしゃべりしてはいけません」という指示もありました。隣の保育室では年長児が，やはり保育者の指示どおりに楽器を演奏して合奏の練習をしていました。

　このような方法であれば，確かに難しいダンスの振りを一糸乱れず踊れるようになるかもしれませんし，発表会ではダンスも合奏も出来栄えよく見せることができるかもしれません。しかしこれは「やらせれば何でもできる」のであって「やれば……」ではありません。保育者の指示どおりに動いたり演奏したりする子どもは，自分で考えることや工夫することを止めてしまいます。そこに子どもの主体性はなく，「このように踊りたい」「このように演奏したい」「こんな遊びをしたい」といった子ども自らの意欲を育てることにはつながりません。ダンスを踊ること，合奏をすること，粘土遊びをすることが悪いわけではありませんし，クラスのみんなで一緒に同じ活動や遊びをすることが悪いわけでもありません。その活動・遊びをするなかで，工夫したり，言葉を用いたり，実際につくったり動いたりするなかでイメージを共有していき，対話を重ね考えを出し合ってみんなで協力して一緒に遊びを発展させていく，そのようなプロセスのなかに子どもの感性の育ちや表現する力の育ちがあるということを，決して忘れてはいけないのです。

保育者にも求められる豊かな感性と表現する力

　子どもの感性や表現する力の育ちのなかで，もう一つ考えなければならないこととして，「審美性の育ち」があります。美しさや整っていること，心地よさなどを求める心の育ちといってもよいでしょう。領域「表現」のねらいの一つに「①いろいろなものの美しさなどに対する豊かな感性をもつ」とあります。

また，内容にも「②生活の中で美しいものや心を動かす出来事に触れ，イメージを豊かにする」とあります。自然のなかで感じる美しさはもちろんのこと，絵や造形物などを見て「きれいだな，かっこいいな」と感じること，さらに音楽を聴いて「心地よい音だな，美しい響きだな」と感じることや，さまざまな感動体験を通しても子どもの感性は育ちます。そしてその感性は発達と共に豊かになり，より美しいもの，より心地よいものを求める心が育つのです。この育ちこそが「審美性の育ち」なのですが，このときに先ほどのダンスや合奏の事例のように，保育者が「出来栄えや見栄え」を重視してしまうことにより「教え込み」型の保育に陥ってしまう落とし穴があります。

みなさんも「もっと素敵な絵が描けたらいいな」とか「もっと歌をうまく歌えるようになりたいな」と感じることがあるでしょう。そのような「もっとできるようになりたい」という気持ちをもつことは審美的なものを求める心があるからです。そのような気持ちをもつのは幼児期の子どもも同じです。しかしそのときに，子どものもつイメージや表現しようとしていることを無視して，保育者の考える「出来栄えや見栄え」を押し付けてしまっては子どもの感性や表現は豊かにはなりません。そのようなときこそ，子どもの気持ちに寄り添って，「どのように感じているか」「どのようなイメージをもっているか」「どのように表現したいか」という子どもの内にあるものを理解することが重要です。技術が伴わないとき，表現方法がわからないときに，保育者がより多くのひきだしをもっていることで子どもを援助することができます。だからこそ保育者自身は表現の技術を身につけたり，技法・手法を知っておく必要があります。

子どもたちの感性や表現する力が豊かに育つためには，保育者自身の感性や表現する力が豊かであることが大切です。多様な経験をすること，本物の文化と出会うこと，心動かされるさまざまな経験をすること，多様な表現方法を知り，その技術を身につけることによって，保育者の感性もまたより豊かになっていくことをふまえ，保育者としてだけでなく人間的な魅力も備えてほしいと思います。

2020年2月

編著者を代表して　　岡本拡子

《監修者紹介》

汐見稔幸（しおみ　としゆき）
　　現　在　東京大学名誉教授。

大豆生田啓友（おおまめうだ　ひろとも）
　　現　在　玉川大学教授。

《執筆者紹介》（執筆順，担当章）

岡本拡子（おかもと　ひろこ）はじめに，第7章，第11章，おわりに
　　編著者紹介参照。

汐見稔幸（しおみ　としゆき）第1章
　　編著者紹介参照。

中澤　潤（なかざわ　じゅん）第2章
　　現　在　植草学園大学・植草学園短期大学学長。
　　主　著　『よくわかる教育心理学（第2版）』（編著）ミネルヴァ書房，2022年。
　　　　　　『発達心理学特論』（共著）放送大学教育振興会，2021年。

直井玲子（なおい　れいこ）第3章
　　現　在　東京学芸大学個人研究員。
　　主　著　『保育内容　表現』（共著）光生館，2018年。

浅羽聡美（あさば　さとみ）第4章
　　現　在　造形作家。
　　主　著　『保育園の「表現者たち」』（単著）atelier le matin，2016年。
　　　　　　『アートという文脈で保育を考えてみると』（単著）atelier le matin，2017年。

岡林典子（おかばやし　のりこ）第5章
　　現　在　京都女子大学教授。
　　主　著　『乳幼児の音楽的成長の過程』（単著）風間書房，2010年。
　　　　　　『幼・保・小で役立つ絵本から広がる表現教育のアイデア』（共編著）一藝社，2018年。

長井覚子（ながい　さとこ）第6章
　　現　在　白梅学園短期大学准教授。
　　主　著　『音楽教育研究ハンドブック』（共著）音楽之友社，2019年。
　　　　　　『絆の音楽性』（共訳）音楽之友社，2018年。

寶來生志子（ほうらい　きしこ）第8章
　　現　在　横浜市立恩田小学校校長。
　　主　著　『倉橋惣三を旅する　21世紀型保育の探究』（共著）フレーベル館，2017年。
　　　　　　『育ちと学びを豊かにつなぐ　小学1年　スタートカリキュラム＆活動アイデア』（共著）明治図書出版，2020年。

吉永安里（よしなが　あさと）第8章

　　現　在　國學院大學准教授。

　　主　著　『ダイヤモンドチャート法　読みを可視化する方略』（単著）東洋館出版，2013年。
　　　　　　『あそびの中の学びが未来を開く　幼児教育から小学校教育への接続』（共編著）
　　　　　　世界文化社，2020年。

久留島太郎（くるしま　たろう）第9章

　　現　在　植草学園短期大学教授。

　　主　著　『保育内容　言葉』（共著）光生館，2018年。
　　　　　　『保育内容　環境』（共著）みらい，2018年。

花原幹夫（はなばら　みきお）第10章

　　編著者紹介参照。

井桁容子（いげた　ようこ）第12章

　　現　在　非営利団体コドモノミカタ代表理事。

　　主　著　『0・1・2歳児のココロを読みとく保育のまなざし』（単著）チャイルド本社，
　　　　　　2017年。
　　　　　　『毎日の保育をより豊かに（0・1・2歳児からのていねいな保育②)』（共著）
　　　　　　フレーベル館，2018年。

中丸元良（なかまる　もとよし）第13章

　　現　在　かえで幼稚園園長。

　　主　著　『れんらくせん』（単著）かえでの森出版，1997年。
　　　　　　『れんらくせんⅡ』（単著）かえでの森出版，2005年。

青山　誠（あおやま　まこと）第14章

　　現　在　上町しぜんの国保育園園長。

　　主　著　『子どもたちのミーティング』（共著）りんごの木，2011年。
　　　　　　『あなたも保育者になれる』（単著）小学館，2017年。

《編著者紹介》

岡本拡子（おかもと　ひろこ）
　　現　在　高崎健康福祉大学教授。
　　主　著　『感性をひらく表現遊び』（編著）北大路書房，2013年。
　　　　　　『音楽教育実践学事典』（共著）音楽之友社，2017年。

花原幹夫（はなばら　みきお）
　　現　在　白梅学園短期大学教授。
　　主　著　『すべての感覚を駆使してわかる乳幼児の造形表現（第2版）』（共著）保育出版
　　　　　　社，2019年。
　　　　　　『美しい未来を創る子どもたち』（共著）美育文化協会，2019年。

汐見稔幸（しおみ　としゆき）
　　現　在　東京大学名誉教授。
　　主　著　『さあ，子どもたちの「未来」を話しませんか』（単著）小学館，2017年。
　　　　　　『汐見稔幸　こども・保育・人間』（単著）学研教育みらい，2018年。

アクティベート保育学⑪
保育内容「表現」

2020年4月30日　初版第1刷発行　　　　　　〈検印省略〉
2022年12月10日　初版第3刷発行
　　　　　　　　　　　　　　　　　定価はカバーに
　　　　　　　　　　　　　　　　　表示しています

　　　　　　　　監修者　　汐　見　稔　幸
　　　　　　　　　　　　　大豆生田　啓　友

　　　　　　　　編著者　　岡　本　拡　子
　　　　　　　　　　　　　花　原　幹　夫
　　　　　　　　　　　　　汐　見　稔　幸

　　　　　　　　発行者　　杉　田　啓　三

　　　　　　　　印刷者　　江　戸　孝　典

発行所　株式会社　ミネルヴァ書房
　　　　607-8494　京都市山科区日ノ岡堤谷町1
　　　　　　　　　電話代表　（075）581-5191
　　　　　　　　　振替口座　01020-0-8076

© 岡本・花原・汐見ほか，2020　　共同印刷工業・藤沢製本

ISBN978-4-623-08860-7

Printed in Japan

ーーー ミネルヴァ書房 ーーー

https://www.minervashobo.co.jp/